절에서 만나는 우리 문화

문화유산 해설사 따라 사찰 여행

절에서 만나는 우리 문화

2010년 1월 15일 처음 찍음 | 2021년 8월 30일 여덟 번 찍음

지은이 박상용 | 그린이 호연
펴낸곳 도서출판 낮은산 | 펴낸이 정광호 | 편집 신수진 | 디자인 박대성 | 제작 정호영
출판 등록 2000년 7월 19일 제10-2015호
주소 04048 서울시 마포구 어울마당로5길 16 반석빌딩 3층
전화 (02)335-7365 (편집) (02)335-7362(영업) | 팩스 (02)335-7380
홈페이지 www.littlemt.com | 이메일 littlemt2001ch@gmail.com | 트위터 @littlemt2001hr
제판·인쇄·제본 상지사 P&B

© 박상용, 호연 2010

ISBN 978-89-89646-93-8   73900

* 잘못 만들어진 책은 바꾸어 드립니다. * 책값은 뒤표지에 표시되어 있습니다.
* 이 책 내용의 일부 또는 전부를 재사용하려면 반드시 저작권자와 도서출판 낮은산 양측의 동의를 받아야 합니다.

* 사진 제공해 주신 분들께 감사 드립니다 : 권명오, 권중하, 노재학, 백종하, 안준승, 윤순현, 임정진, 조용준, Brandon Frye, kernbeisser, Marin Dimitrov, Trane Devore, verweiledoch, vinod, 도서출판 대원사, 범어사, 송광사, 은해사, 해인사, 한국관광공사
* 일부 사진은 저작권자를 찾지 못하였습니다. 빠른 시일 안에 저작권자를 찾아 정식으로 허락을 받고자 합니다.

문화유산 해설사 따라 사찰 여행

절에서 만나는 우리 문화

박상용 글 | 호연 그림

낮은산

머리말

절에 가는 길

　꼭 불교를 믿지 않더라도 우리나라 사람이면 누구나 절에 가 본 적이 있을 것입니다. 우리 친구들만 해도 사회 교과활동이나 역사 체험학습으로 한 번쯤은 절에 간 적이 있지요?

　먼 옛날 우리는 오랫동안 거의 모든 사람들이 불교를 종교적인 믿음으로 가진 불교 국가였던 적이 있습니다. 그래서 먹고 입고 살아가는 일상생활에서부터 말이나 생각, 문학 작품 같은 데까지 불교의 영향을 많이 받았습니다. 그러다 보니 남아 있는 우리 문화유산은 불교와 많은 관련이 있고, 유명한 절에 가면 박물관에서만큼이나 문화재를 많이 볼 수 있어서 체험학습을 가기 좋지요.

　그러나 천 년 이상을 우리와 함께한 불교 문화유산에 대해 좀 알아보려고 직접 안내판을 읽어 보고 옮겨 적어도 보지만, 무슨 마법 주문서처럼 쓰여 있어서 우리말인데도 알아듣기가 쉽지 않습니다. 그렇다고 당장 어린이들만을 위한 문화재 안내문을 따로 써 달라고 할 수도 없는 노릇이고요. 안내문이란 가장 중요한 정보 몇 가지를 여러 사람에게 알려 주는 것이기 때문에, 문화재를 전문으로 연구하는 사람들이 쓰는 어려운 말들로 주로 겉모양을 설명할 수밖에 없습니다. 보는 사람 입장에서는 영 이해하기 어렵고, 쓰는 사람 입장에서는 조그마한 공간에 이것저것 자세하게 설명하기가 어려운 노릇이지요. 아마 웬만한 부모님들도 문화재 안내문에 있는 내용에 대해 여러분이 질문하면 잘 모르겠다 하실 거예요.

저는 몇 년간 문화유산 해설사와 체험학습 선생님으로서 많은 사람들을 불교 문화재로 안내했습니다. 어린이들이 절에 있는 문화재를 보러 가기 전에 먼저 읽고 가면 좋을 책이 있으면 하고 바랐는데, 제가 직접 쓰게 되었네요.

이제 우리가 절에서 볼 수 있는 대표적인 문화재들을 살펴보면서, 그 문화재들을 탄생시킨 불교적인 배경도 이야기해 보려 합니다. 유명한 절은 왜 대부분 산에 있는지, 탑이라는 건 무슨 용도로 만들었는지, 불상은 어떻게 구분하는지, 절에 있는 건물 이름에는 무슨 뜻이 담겨 있는지……. 이런 궁금증을 한 번쯤 품어 본 친구라면 제 이야기에 귀 기울여 주세요. 불교 문화재를 잘 이해할 수 있다면 우리 문화유산과 역사를 보는 눈 또한 한층 깊어질 테니까요.

2010년 1월 박상용

차례

머리말 • 절에 가는 길 4

1. 우리 역사 속의 불교 10

2. 절 구경 가 보자 18

절 입구에서
첫 번째 문, 일주문을 들어서다 25
부처님의 문지기를 만나다 • 금강문 33
잘못을 돌아보다 • 천왕문과 사천왕 34
부처님 세상이 이제 코앞 • 불이문 37

절 건물 둘러보기
절의 중심 • 대웅전 40
부처님과 보살님은 어떻게 다른가 48
포근한 관음보살 계신 곳 • 관음전 52
모자 쓸 틈이 없는 지장보살 • 지장전 55
종소리로 때를 알리다 • 범종루와 사물 59

탑과 부도 살펴보기
탑은 왜 만들었을까 63
큰스님 잠들어 계신 곳 • 부도 67

3. 벽화와 건물 장식 72

벼랑 끝의 삶 • 안수정등 78
바르게 살아야겠어! • 지옥도 81
펼치면 부처님 세상 • 탱화 86
소를 찾고 깨달음에 이르다 • 심우도 91
화려함 속의 깊은 뜻 • 단청 99

맺음말 • 절을 나오며 102

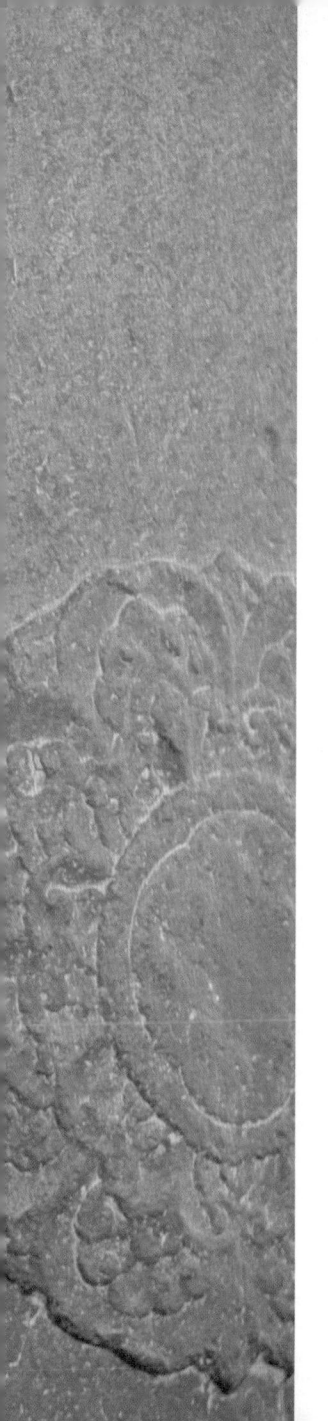
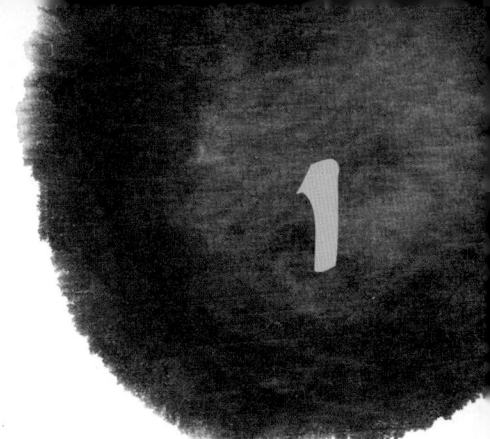

우리 역사 속의 불교

절에 있는 문화재들을 재미나게 보려면
불교에 대해 알아 두면 좋습니다.
삼국 시대에 우리나라에 처음 들어온 이래
아주 오랫동안 우리 삶에 많은 흔적을 남겨
이제는 우리 역사와 문화의 일부분이 되어 있는
불교의 역사를 먼저 살펴볼까요?

    우리나라에 불교가 들어왔다는 기록이 남은 것은 고구려·백제·신라가 있었던 삼국 시대입니다.

    그렇다면 불교가 들어오기 전에는 어떤 종교를 믿으며 살았을까요? 역사가 기록되기 전(이때를 '선사 시대'라고 합니다), 조상이 같은 사람들끼리 무리를 이루어 생활하는 부족국가 시대였을 때는 부족마다 힘이 센 동물 혹은 큰 바위나 나무 등을 신으로 섬기거나, 부족의 우두머리가 스스로 신의 역할을 맡았습니다. 곰과 호랑이가 사람이 되기를 하늘에 청해 결국 여자가 된 곰이 단군왕검을 낳았다는 이야기는 모두 알고 있지요? 단군왕검의 시대가 바로 부족국가 시대입니다. 이때의 곰과 호랑이는 글자 그대로 동물인 곰과 호랑이가 아니라 곰을 신으로 섬기는 부족과 호랑이를 신으로 섬기는 부족을 상징하는 것으로 해석해야 해요.

    여러 곳의 부족들 가운데 가장 힘 있는 부족국가가 다른 부족국가들을 정복하고, 서로 다른 성씨를 가진 사람들이 합쳐지면서 계급이 생기고 점점 더 큰 집단을 형성하면서, 고대국가의 형태로 고구려·백제·신라 삼국이 생겨났지요.

삼국 시대를 이끌어 간 불교

삼국 시대는 지배계급인 왕과 왕을 둘러싼 세력들이 영토를 넓히기 위해 노력했던 때입니다. 그러자면 백성들을 전쟁에 동원해야 하는데, 매우 위험하고 힘든 일이니 만큼 모든 부족이 공동으로 떠받드는 아주 강한 신이 필요했습니다. "이것은 신의 뜻이니라." 했을 때 두말없이 따를 수 있을 만큼 권위 있는 신 말입니다. 이럴 때 인도에서 중국을 거쳐 석가모니의 가르침, 즉 불교가 들어왔고, 강력한 힘의 뒷받침이 필요했던 삼국의 왕권과 결합되어 발전해 갑니다. 그리고 지금까지 1,600여 년 동안 알게 모르게 우리 생활의 한 부분이 되었습니다.

삼국 시대의 왕은 백성들의 뜻을 한데 모을 수 있는 힘이 센 자리에 '부처님'을 놓았고, 불교를 통해 왕의 권위를 높였습니다. 그리고 이런 힘을 상징하는 멋진 기념물을 만들어 백성들이 우러러보게 했습니다. 지금은 사라졌지만, 백제의 미륵사나 신라의 황룡사 같은 절은 오늘날의 절보다 훨씬 거대했다고 하는데, 이런 큰 건물이나 경주 불국사에 있는 석가탑·다보탑 같은 아름다운 기념물을 만들자면 돈이 많이 들었겠죠? 왕을 중심으로 한 삼국의 지배계급은 이런 일에 후원자가 되어 많은 불교 건축물을 만들었습니다.

나중에 삼국을 하나로 통일한 신라는 백성들이 통일된 나라의 백성으로서

삼국의 불교 전래

고구려는 372년(소수림왕 2년)에 중국에서 불상과 불경을 보냄으로써 불교가 전해졌고, 백제는 384년(침류왕 원년)에 중국을 거쳐 온 인도 승려 마라난타에 의해 불교가 들어왔습니다. 그런데 신라만은 조상신을 섬겨 온 귀족들의 심한 반대로 불교가 인정되지 못하다가, 527년(법흥왕 14년)에 와서야 죽음을 자청한 신하 이차돈의 희생 덕에 불교가 공인되었습니다.

일체감을 느끼도록 하기 위해 불교를 더욱더 높이 받들었고, 그래서 통일신라 전성기에는 훌륭한 불교 예술품이 많이 나왔습니다.

부처님을 본받는 사람들은 누구나 부처님처럼 깨닫고 싶어 합니다. 그러나 그것은 너무도 어려운 길이라, 깨달은 이들을 존경하는 마음으로 불교 건축물이나 조각, 공예품 등을 만드는 일에 참여했습니다. 돌로 탑을 만들고, 쇳물을 부어 종을 만들고, 금빛 불상을 만들어 웅장한 건물 안에 모시는 일에 힘을 보태면서 보람을 느꼈습니다. 이렇게 만든 결과물이 지금까지 내려와 역사적으로 가치가 있는 문화재가 된 것입니다.

탈도 많았던 고려 불교

통일신라 다음으로 고려 또한 불교의 힘으로 후삼국 통일을 이루었고, 몽골의 침입 때는 부처님의 힘으로 나라를 지킨다는 염원을 갖고 부처님의 말씀을 '팔만대장경'으로 만드는 엄청난 작업을 합니다. 우리나라 불교를 '나라를 지킨다'는 뜻의 '호국불교'라고 하는 것은 불교라는 종교를 통해 나라에 위기가 닥칠 때마다 똘똘 뭉쳐 이겨 냈기 때문입니다. 하지만 불교의 세력이 너무 커지다 보니 그 횡포도 만만치 않았답니다.

해인사 장경각과 팔만대장경

경남 합천 해인사에는 팔만대장경과 대장경 보관소인 장경각이 있습니다. 팔만대장경이란 경전을 찍어 낼 수 있는 나무판의 숫자가 팔만여 장인 데서 유래한 이름으로, 당시 중국에서 전해진 불경을 총정리해서 빠지거나 틀린 글자 없이 가장 정확한 대장경을 만든 것입니다. 다른 나라의 침입을 받는 상황에서 이런 뛰어난 문화재를 만든 것에서 고려인들의 드높은 불심을 느낄 수 있습니다. 유네스코에 의해 세계기록유산으로 지정되어 있기도 하지요.

고려 다음의 조선 시대에 들어서는 신을 섬기지 않는 유학(儒學)을 국교로 삼아 불교를 억압하였습니다. 스님들에 대해서도 직접적으로 탄압을 가해 절도 많이 사라졌지요. 하지만 삼국 시대부터 어언 천 년을 지켜 온 사람들의 믿음은 쉽게 변하지 않아 백성들은 물론 왕실까지도 겉으로는 드러내지 않았지만 불교를 믿었습니다. 도시에서는 절이 없어졌지만 깊은 산속의 절은 왕실과 민간의 도움을 받아 명맥을 유지하였고, 믿음으로 만들었던 불교 조각과 공예품 들은 오늘날 문화재로 남게 되었습니다.

　문화재란 옛사람들이 살아온 자취입니다. 옛사람들이 의식주에 사용했던 것들은 모두 문화재라 할 수 있습니다. 그러나 삼국 시대나 고려 시대에 실제로 사람이 살았던 집은 남아 있지 않고, 일상생활에서 쓰던 도구 또한 오늘까지 전해지기가 쉽지 않습니다. 그러나 종교적인 믿음을 갖고 만들었던 불상이나 석탑은 잘 닳지 않고, 사람들이 존경하는 마음을 표현하는 그 자리에 그대로 잘 남겨져 문화재가 된 것입니다.

　이제, 옛사람들의 마음이 담긴 불교 문화재를 본격적으로 살펴볼까 합니다. 조금만 더 알고 본다면, 절에 가기가 훨씬 재미있어질 것입니다.

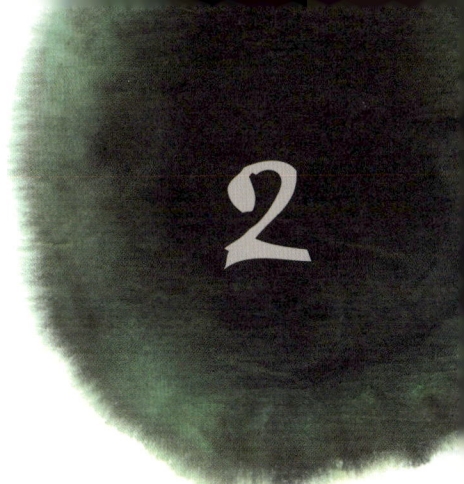

2

절 구경 가 보자

여러분이 보통 생각하는 절의 모습은 어떤가요?
구불구불 산길을 지나 몇 개의 문을 지나면 탑들이 보이고,
안에 불상이 모셔져 있는 건물들이 보이고,
건물 벽에는 그림이 그려져 있기도 하지요.
굳이 산으로 가지 않아도 도시 한가운데서 큰 절을 볼 수도 있는데
체험학습은 꼭 산속에 있는 절로 간단 말이지요, 힘들게.
산속에 자리잡은 유명한 절들과, 그런 설에 있는 문화재들 사이에는
조금씩 다른 점도 있지만 공통점을 쉽게 발견할 수 있습니다.
그럼, 구경을 시작해 볼까요?

많은 문화재가 있는 전통사찰

우리나라의 절은 모두 만여 곳이나 됩니다. 그 가운데 문화유산으로서 보존할 만한 가치가 있는 곳을 '전통사찰'이라고 하는데, 1987년 '전통사찰보존법'에 의해 국가가 지정하였습니다. 2008년 12월 현재 국가지정 전통사찰은 모두 933개에 이릅니다.

대표적으로, 경기도의 용주사, 봉선사, 강원도의 신흥사, 월정사, 충북의 법주사, 충남의 마곡사, 수덕사, 경북의 직지사, 은해사, 고운사, 불국사, 대구의 동화사, 경남의 해인사, 쌍계사, 통도사, 부산의 범어사, 전북의 금산사, 선운사, 전남의 백양사, 화엄사, 송광사, 대흥사, 제주도의 관음사 등이 모두 전통사찰입니다. 많은 문화재를 소장하고 있어 답사할 가치가 많은 대표적인 사찰이니 가까운 곳을 한번 찾아가 보는 게 어떨까요?

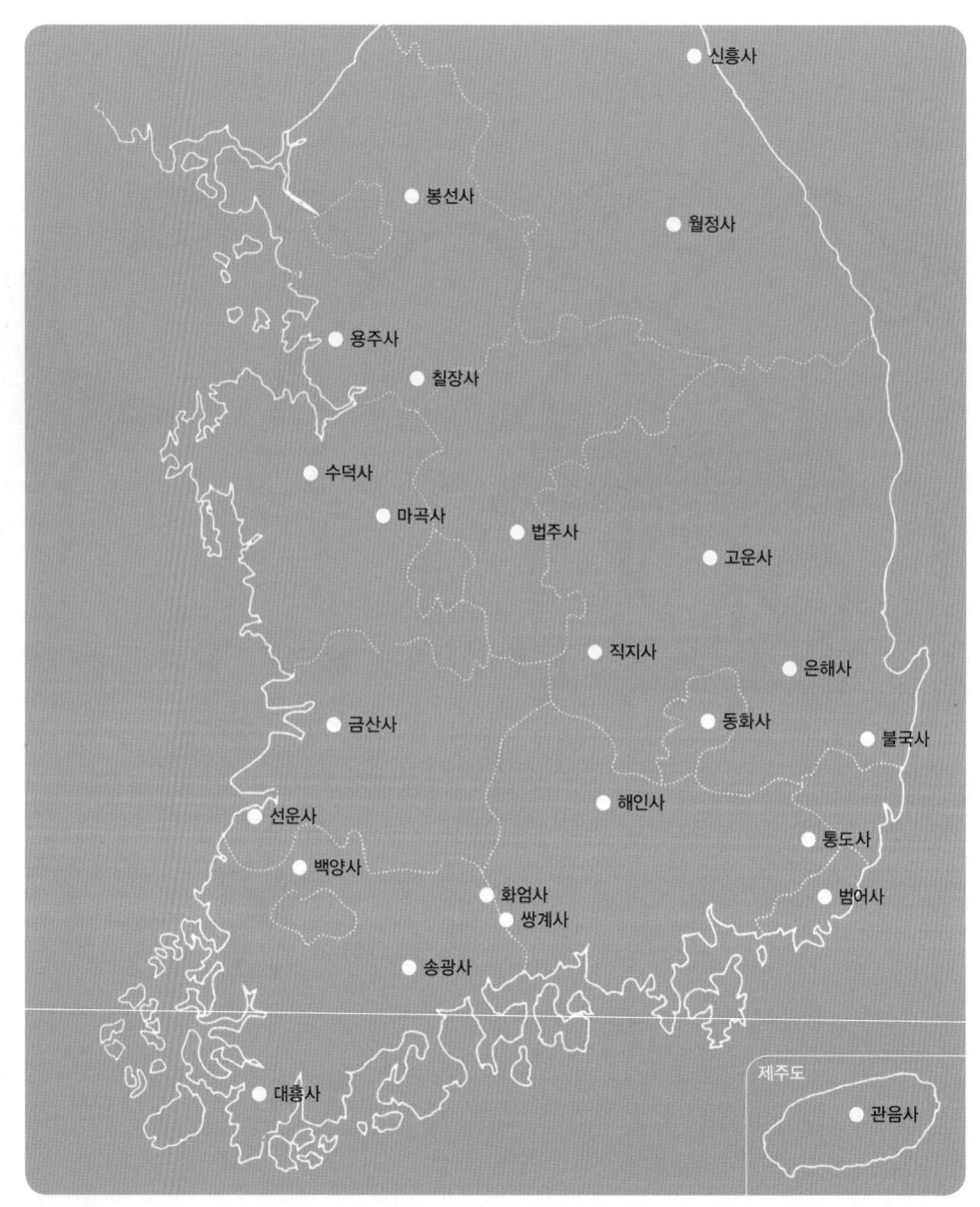

절 입구에서

절에 들어가기에 앞서, 여러분이 다니는 학교를 먼저 떠올려 볼까요? 교문에 들어서면 운동장이 보이고, 체육관이나 도서관 건물이 따로 있기도 합니다. 화단 옆으로 난 길을 따라가면 교실과 교무실, 음악실 등이 자리잡은 본관 건물 출입구가 있네요. 배우고 가르치기 위한 공간인 학교는 그런 목적에 맞게 건물들을 배치하였을 것이고, 교실 안에 놓여 있는 책상 걸상 칠판 같은 물품들도 다 배우고 가르치는 데 필요한 것들입니다. 절이라는 공간도 마찬가지예요. 학교로 치면 교문 격인 일주문을 시작으로 하여, 스님과 신자들이 먹고 자고 종교의식과 수행을 하기 위해 지은 다양한 건물들과 불교적인 그림, 도구, 상징물들이 모여 있는 곳이 바로 절입니다. 어렵게 생각할 것 없어요.

첫 번째 문, 일주문을 들어서다

학교에서 우리를 처음으로 맞이하는 곳이 교문인데요, "교육청 지정 ○○ 시

(왼쪽)
멋있기로 손꼽히는 부산 범어사 일주문

일주문은 보통 좌우로 기둥 두 개씩을 배열하는데, 범어사 일주문은 기둥 네 개를 한 줄로 세웠습니다. 기둥 아래에는 주춧돌을 놓아서 거대한 지붕을 가볍고 안정된 모습으로 지탱하고 있습니다. 태풍이 불고 지진이 일어나 모두 쓰러진대도 꿋꿋이 남아 있을 자태로요.

범학교" "학교폭력 없는 ○○○" 같이 학교마다 내세우고 싶은 것을 알리는 문구를 적은 현수막을 교문 위에 걸어 놓은 경우가 많지요. 그런데 교문에 반드시 있어야 할, 어느 학교라도 빠져서는 안 되는 것이 있는데, 뭘까요? 바로 학교 '이름'을 새겨 넣은 현판입니다. 교문에 학교 이름을 써 넣듯, 절에서도 맨 처음 사람들을 맞이하는 출입문에 절 이름을 써 놓습니다. 이 문을 일주문(一柱門)이라고 부릅니다.

그렇다면 절 이름을 따서 관음사 문, 조계사 문 같이 부르지 않고 왜 일주문이라고 하는 걸까요?

일주문의 한자를 살펴보니 하나 일(一)자에 기둥 주(柱)자를 썼습니다. 기둥이 하나인가? 아닙니다. 기둥이 하나인데 제대로 서 있는 건 버섯밖에 없을걸요? 기둥 여러 개가 한 줄로 배열되어 있어서 일주문이라고 하는 것입니다.

기둥을 한 줄로 만든 이유는 절 안과 밖을 구분 짓기 위해서이기도 합니다. 절 밖 세상은 사람들이 자유롭게 사는 세상이고, 절 안은 부처님 세상이니 배우는 자세로 예의를 갖춰 절에 들어서라는 표시라고 생각해도 되겠네요. 이것을 어려운 말로는 '성속(聖俗)의 분리'라고 합니다. 부처님 세상의 성스러움과 인간 세상의 속됨을 나눠 놓는다는 것이죠.

그런데 '문'이라는 말이 붙었지만 여닫는 형태의 문은 찾아볼 수 없군요. 그냥

조계산 송광사

봉미산 신륵사

태백산 부석사

운악산 봉선사 한글 일주문 현판

훤히 터져 있습니다. 오는 사람은 아무나 맞이하고 가는 사람은 붙잡지 않는다는 뜻으로 해석하는 사람도 있습니다. 절은 누구나 들어올 수 있는 공간이지만, 일주문을 들어설 때부터는 깨끗하고 고귀한 곳에 간다는 생각을 갖고서 마음을 가다듬는 것이 좋겠습니다.

일주문에 들어설 때부터 절 쪽을 향해 두 손을 맞붙여 합장하고 절을 하는 사람들을 볼 수 있었을 것입니다. 특히 할머니들이 그렇게 많이 하시죠. 특별히 누군가에게 인사를 한다기보다는 스스로 자기를 낮추는 겸손의 표시입니다.

이제 눈을 들어서 일주문 지붕을 볼까요? 우와, 웬만한 건물 지붕으로 써도 될 정도로 크네요. 이렇게 큰 지붕을 네 귀퉁이에 기둥을 놓아 받치지 않고 일렬로 된 기둥으로 지탱시킨다는 사실에 외국에서 온 건축 전문가들은 놀라곤 합니다.

그런데 일주문 현판들을 살펴보니 신기한 것이 있습니다. 현판에 절 이름만 덜렁 쓰여 있는 경우는 거의 없다는 거예요. 절 이름 앞에 산 이름을 붙여서 씁니다. 대부분의 절이 믿음직한 산의 품 안에 있기 때문이기도 하고, 우리가 인도에서 오신 석가모니 부처님을 알기 전에 우리 땅에 계신 산신(山神)을 숭배하고 모셨기 때문에 그 전통을 존중해 붙인 것이기도 합니다.

음, 그러고 보니 우리나라의 절은 대부분 산속에 있는 것 같군요. 지금이야

자동차로 절 앞 주차장까지 쉽게 갈 수 있지만, 옛날에는 산에 올라가기가 쉽지 않았을 텐데 말이죠.

불교를 사람들 사이에 퍼뜨리기 위해 절을 지은 것이니, 그런 역할을 잘 하려면 사람들이 쉽게 갈 수 있는 곳에 있어야 할 텐데, 사람 사는 마을에서 멀리 떨어진 산속에 대부분의 절이 있는 건 도대체 왜일까요? 안내문을 읽어 보면 천 년 전에 세워졌다느니 하며 오랜 역사부터 자랑하는데, 처음에 터를 잡을 때부터 산속에 지을 생각을 했다는 말일까요?

불교가 왕으로부터 인정을 받고 왕권과 동등한 권력을 누리기까지 했던 삼국 시대나 고려 시대에는 사람들이 많이 사는 도심에 절을 짓기도 하였습니다. 시내 어디서나 보이는 거대한 구층목탑과 솔거의 벽화가 있었다는 황룡사는 신라의 수도인 경주 시내 한복판에 지어졌던 절이고, 정림사지 오층석탑으로 잘 알려져 있는 정림사 또한 백제의 수도였던 부여 시내에 있었습니다. 고려 시대에도 왕실 행사를 도심 사찰에서 거행했다는 기록이 있는 것으로 보아 사람들 바로 곁에 절이 있었음을 알 수 있지요.

그럼, 지금 우리가 볼 수 있는 유명한 절들은 왜 도심에 있지 않고 산에 있을까요?

천 년 전 통일신라 시대로 거슬러 올라가 볼까요. 신라에는 '골품제도'라는 타

경주 황룡사 절터

지금은 흔적만 남아 있는 경주 황룡사 터입니다. 처음에 신라의 궁궐을 지으려고 했는데, 황룡이 나타나 계획을 바꿔 절을 지었다는 전설이 전해집니다. 경주는 신라와 통일신라의 수도였습니다. 수도 한가운데 있던 절은 왕권과도 버금갈 정도로 큰 지위를 차지했을 것입니다. 황룡사는 안타깝게도 1238년 몽골의 침입 때 불에 타고 말았습니다.

고난 신분제도가 있었습니다. 부모 양쪽이 모두 왕족인 성골과, 한쪽이 왕족인 진골, 그 밑으로는 육두품이 있었는데, 육두품은 아무리 공부를 많이 하고 실력이 뛰어나도 어느 수준 이상으로는 높은 권력을 누릴 수가 없었습니다. 그래서 실력이 있으나 신분제의 벽에 부딪히게 된 육두품들은 신라에서는 더 큰 인물이 될 수 없음을 느껴 당시 국제적으로 최고의 문명을 갖고 있던 중국 당나라로 유학을 갔습니다.

앞서가는 학문을 배워 신라로 되돌아온 육두품들은 새로운 사상을 전파하려 했지만, 신라 땅에서 이미 권력을 갖고 있던 세력들은 받아들이지 않습니다. 그 학문이란 당시 당나라에서 유행한 '선종'이라는 불교 공부 방법으로, 깨달은 자는 누구나 부처가 될 수 있다는 생각이 핵심이었습니다. 이것은 "왕이 곧 부처"라던 기존 생각에서 벗어나, 지방의 힘 있는 세력도 왕이 될 수 있다는 것을 암시해 주는 혁명적인 사상이었지요. 당나라에서 공부하고 돌아온 육두품들은 서라벌에서 권력을 잡고 있던 사람들에게는 배척받았지만, 지방의 귀족 세력들은 이들을 통해 자신들의 힘을 넓혀 나가려 했습니다. 지방 권력자들의 사상적인 협력자가 된 육두품 세력은 절을 지어 머물며 공부를 계속했는데, 터를 정할 때 '풍수'를 적용해 명당자리를 잡았습니다. 그러다 보니 산속의 좋은 자리에 절이 들어서기 시작했고, 지금까지도 종교적인 기능뿐 아니라 관광 명승

옛사람들의 생활 학문 풍수(風水)

풍수란 바람 풍(風)에 물 수(水)로 이뤄진 한자어로 장풍득수(藏風得水, 바람을 막고 물을 얻는다)의 줄임말입니다.

옛날에 나온 말에 대해 생각할 때는 옛사람들이 살았을 공간과 시간에서 생각해 보면 이해가 빠릅니다. 지금이야 수도꼭지를 틀면 계절마다 따뜻한 물, 차가운 물이 철철 나오고, 태풍이 오는 날도 아파트 창문을 닫아 버리면 조용하잖아요. 그런데 옛날에는 그런 수가 없었지요. 그래서, 바람을 막고 물을 얻는 것이 삶의 터전을 잡는 첫 원칙이었습니다. 그 원칙이 바로 풍수입니다. 신라의 육두품 세력은 절을 지을 때 당나라 유학에서 배워 온 풍수의 원리를 현실에 응용하기 시작했습니다.

©Brandon Frye

서울 도심에 있는 조계사
조계사처럼 서울 중심가인 종로에 위치한 절도 있습니다. 일주문에 산 이름이 쓰여 있지 않네요.

지 역할도 하고 있습니다. 절에 가면 "야, 경치 좋다!" 하는 소리가 절로 나오는 것은 결코 우연이 아닌 것이죠.

산속에 절이 위치한 데는 한 가지 이유가 더 있습니다. 고려 왕조가 망하고 조선이 세워지면서 국가의 이념이 유교로 바뀌었다고 했지요. 향교나 서원 같은 유교 건축물을 지을 때 절을 부수어서 목재를 갖다 쓰기도 했을 정도여서, 고려 시대에 사상을 지배했던 스님들이 조선 시대에는 힘을 잃고 산속으로 들어가기도 했습니다.

역사적인 이유 때문에 산속에 지어진 절들은 전쟁의 불길도 피하고 딴 곳으로 옮길 일도 없어 계속 그 자리에 있다 보니, 이제는 절이라고 하면 대부분 산에 있다는 생각이 들게 된 것입니다.

그런가 하면 현대에 와서는 다시 도심에 절이 하나둘씩 세워지고 있어요. 큰 절을 짓는 데는 여러 가지 따져야 할 요소들이 있으니 짓는 데 시간이 많이 걸릴 수밖에 없습니다. 그래도 아마 앞으로 몇백 년 뒤에는 동네마다 큰 절을 한두 군데씩 볼 수 있지 않을까 생각해 봅니다.

부처님의 문지기를 만나다 • 금강문

일주문은 어느 절에 가든 볼 수 있는 출입문입니다. 그런데 부처님은 출입문 하나 열면 단숨에 만날 수 있는 것이 아니라 몇 개의 문을 더 통과해야 만나 볼 수 있습니다. 옛날에는 황제들도 아홉 개 문을 거쳐야만 만날 수 있었다잖아요. 하물며 부처님인데요.

아주 조그마한 절에는 일주문 말고 다른 문은 없기도 합니다. 그렇지만 보통은 일주문을 지난 뒤에 금강문을 만나고 그 뒤에 해탈문 혹은 불이문을 더 만나게 됩니다.

금강(金剛)은 다이아몬드를 일컫는 말로, 세상에서 가장 단단한 돌입니다. 문 이름을 금강이라고 지은 걸 보니 굳세고 강한 것과 관련이 있나 봅니다.

금강문에는 금강역사 두 분이 지키고 있습니다. 한 분은 입을 벌리고 있고 다른 한 분은 입을 다물고 있습니다. '아' 하면서 입을 벌린 것은 '나라연금강'으로 공격하는 자세를 취하고 있으며, '음' 하면서 입을 다문 것은 '밀적금강'으로

석굴암 부처님 앞을 지키고 있는 나라연금강(왼쪽) 밀적금강(오른쪽)

방어하는 자세를 취하고 있습니다. 두 분 모두 원래 인도에서 신으로 받들어 모셔지던 존재였는데, 석가모니 부처님 말씀에 감동해 부처님의 문지기 역할을 하게 되었다고 합니다. 나라연금강은 코끼리보다 백만 배나 힘이 세다고 하는데, 얼마만 한 힘일지 상상이 가나요?

잘못을 돌아보다 • 천왕문과 사천왕

여러분은 '선도부'가 뭔지 아나요? 교문 앞에 서서 복장이 불량하거나 지각을 하는 등 학교생활에 모범적이지 않아 보이는 친구들을 잡아내는 역할을 하는 것이 선도부였어요. 딱히 얼굴이 무서웠던 것은 아닌데, 선도부의 모습을 멀찍이서만 보아도 혹시 내가 잘못한 것은 없나 되돌아보곤 했지요.

절에서 선도부 역할을 하는 것이 바로 사천왕(四天王)입니다. 잔뜩 성낸 인상에 탑을 들거나 칼이나 용을 잡고 있는, 힘이 무척 셀 것 같은 이들이지요. 이 험상궂은 사천왕은 천왕문 안에 계신데, 본격적으로 절에 들어서 대웅전에 계신 부처님을 마주하기 전에 꼭 지나게 되어 있습니다.

사천왕은 하늘에 있는 네 분의 왕이라는 뜻입니다. 왜 하나가 아니고 넷이냐

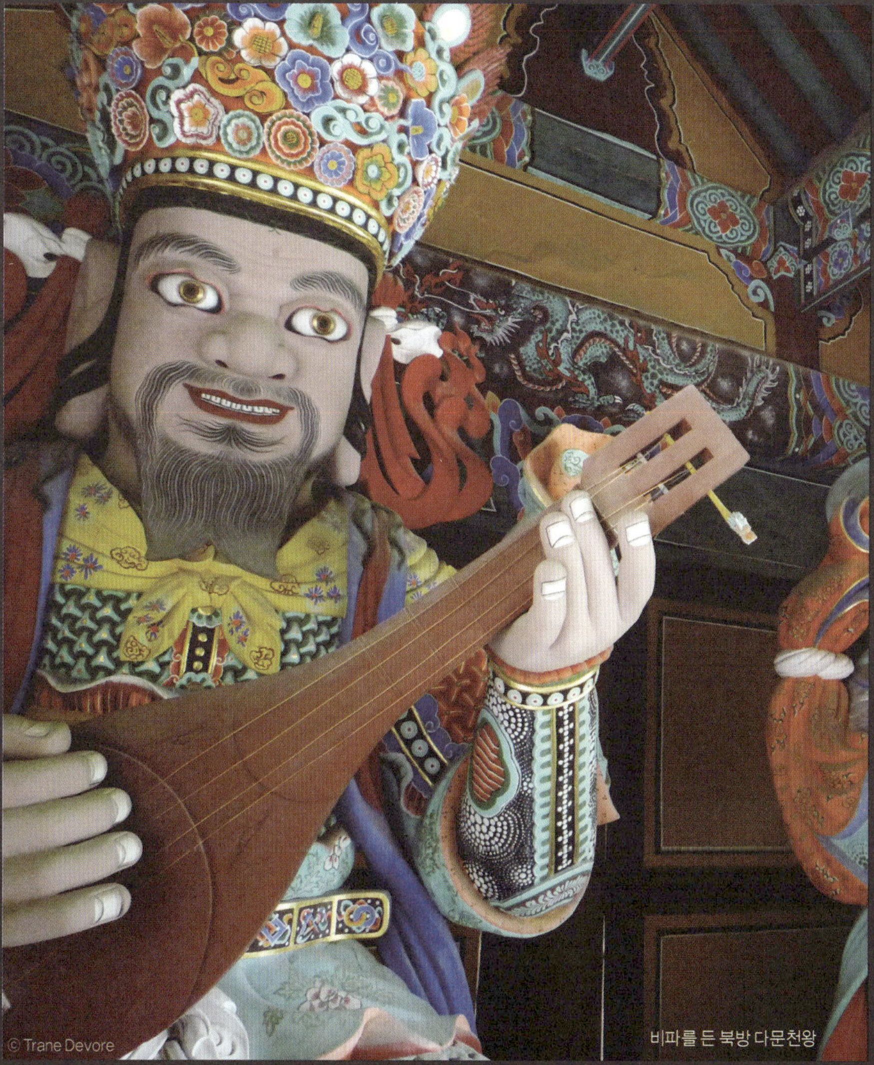

© Trane Devore

비파를 든 북방 다문천왕

탑을 든 서방 광목천왕

© Marin Dimitrov

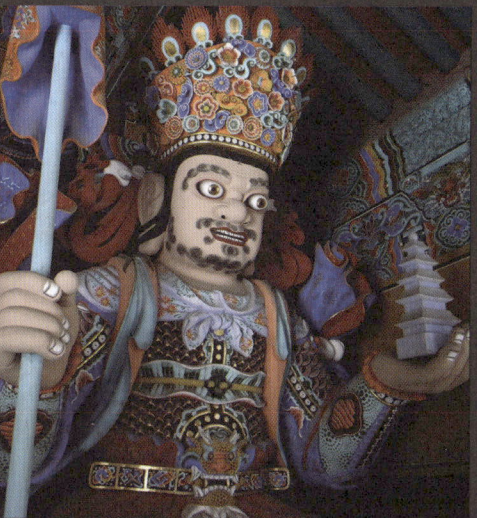

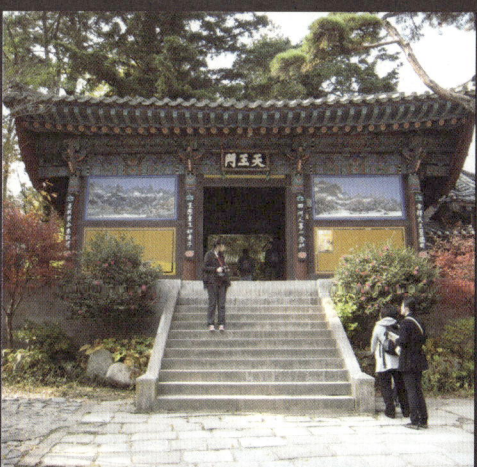

범어사 천왕문

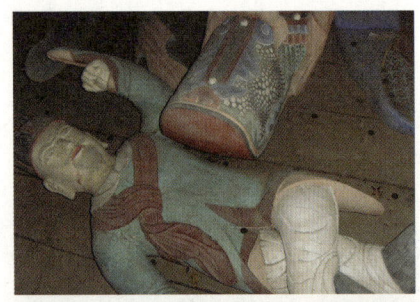
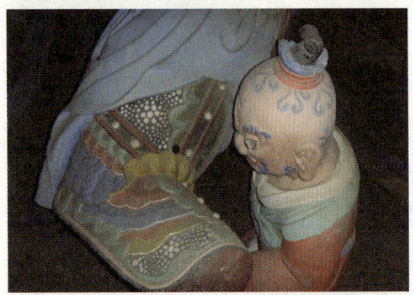
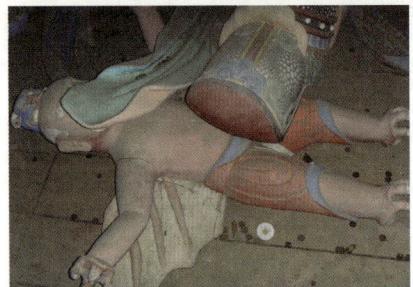

사천왕 발밑

면, 동서남북 네 방위를 상징하기 때문입니다. 불교에서 말하는 세계에서 가장 높은 산이 수미산인데, 수미산 꼭대기에는 부처님이 계시지요. 사천왕은 수미산 중턱에서 부처님이 계신 공간을 지키고 있습니다.

　네 분은 각각 동방 지국천왕, 서방 광목천왕, 남방 증장천왕, 북방 다문천왕이라고 불리며, 손에 들고 있는 물건으로 누구인지 알아볼 수 있습니다. 일단 하나만 먼저 기억해 볼까요? 기타처럼 생긴 비파라는 악기를 들고 있는 천왕이 바로 북방 다문천왕입니다. 항상 부처가 계신 곳을 지키며 부처님 말씀을 빠짐없이 듣는다 해서 많을 다(多)에 들을 문(聞)을 써서 '다문천'이라 부르게 되었다고 합니다. 북방 다문천왕을 기준으로 방위표시를 그려 동서남북을 지키는 분들을 알아보면 되는데, 이분들이 무얼 갖고 계신지 좀더 들여다볼까요? 동쪽을 지키는 지국천왕은 왼손에 칼을 쥐고 있고요, 서쪽을 지키는 광목천왕은 삼지창과 탑을 들고 있습니다. 남쪽을 지키는 증장천왕은 오른손에는 용을 움켜쥐고 왼손에는 용의 입에서 빼낸 여의주를 쥐고 있답니다.

　이번에는 사천왕 발밑을 한번 내려다봅시다. 커다란 발에 짓밟혀 고통스러워하는 이들이 보이지요? 눈에 보이는 마귀뿐만 아니라 마음속에 욕심이나 질투 같은 나쁜 생각을 갖고 있다면 사천왕이 이렇게 못 들어가게 막습니다. 부처님 세계에 들어설 때는 나쁜 마음이 함부로 올 수 없다는 것이겠죠.

부처님 세상이 이제 코앞 • 불이문

이제 불이문(不二門)에 들어서면 완전히 부처님 세상에 들어가게 됩니다.

'불이'란 '둘이 아니다'라는 뜻인데요, 불교에서는 세상만사를 좋은 것·나쁜 것 두 가지로 나눠서 보지 않고, 좋은 것과 나쁜 것은 원래 같은 데서 나온 하나라고 봅니다. 무슨 말인지 잘 모르겠다고요? 예를 하나 들어 볼까요. "색즉시공"이라는 말은 무슨 뜻인지는 몰라도 한 번쯤은 들어 보았을 겁니다. 풀이하면 "색깔 있는 것은 곧 없는 것이다."라는 의미예요. 〈반야심경〉이라는 불교 경전에 나오는 말인데, "색즉시공" 바로 다음에 "공즉시색"이라는 말이 나옵니다. "없는 것은 곧 색깔이다."라는 뜻이지요. 불교에서 하는 말이 어렵고 어떤 때는 왠지 말장난 같아 보이는 건 바로 이런 말들 때문일 겁니다. 그러나 이 말을 붙잡고 곰곰이 돌아보면, 모든 것은 나눠질 수 없는데, 뭔가가 나눠지는 것은 결국 내 생각에서 비롯된다는 결론에 이르게 됩니다.

불이문에 담긴 뜻도 그런 것이에요. 부처님이 계신 세계에 들어오며 속세와 경계를 나누지만, 사실 부처님 세계나 문 밖의 세계나 둘이 아니고 하나라는 뜻을 되새기자는 것이지요.

고성 건봉사 불이문

부산 범어사 불이문

절 건물 둘러보기

여러 개의 문들을 지나 드디어 절 앞마당에 들어섰습니다. 탑이 보이고 그 뒤로 건물들이 있네요. 건물도 제각각 이름을 갖고 있는데, 현판을 보니 사람 이름처럼 세 글자나 네 글자입니다.

여기서 잠시 학교를 다시 떠올려 볼까요? 교실 말고 무슨 방들이 있는지 한번 생각해 봐요. 교무실, 교장실, 방송실, 양호실, 과학실……. 모두 '실' 자로 끝나네요. 다른 건물은 또 뭐가 있지요? 도서관, 체육관……. '관' 자로 끝나는 건물도 있군요.

왜 어떤 곳은 '관'이고 어떤 곳은 '실'일까요? '관' 자가 붙은 것은 독립된 큰 건물이고, '실' 자가 붙은 곳은 큰 건물 안에 있는 다소 작은 공간이라는 느낌이 드네요.

절에도 대웅전, 대적광전, 화엄전, 비로전처럼 '전'으로 끝나는 건물이 있고, 산신각, 삼성각, 독성각처럼 '각'으로 끝나는 건물이 있습니다. 그런가 하면 경복궁에는 근정전이라는 큰 건물이 있고, 향교에 가면 대성전이 가장 큰 건물입니다. 그리고 옛 정원이나 서원에 가면 장경각이나 광풍각이라는 이름이 붙은

양산 통도사

경주 불국사 ⓒ안준승

영천 은해사 산신각

평창 월정사 지장전과 삼성각

건물을 볼 수 있습니다.

학교에서도 '관' 자가 붙은 곳은 '실' 자가 붙은 곳에 비해 규모가 크지요. 절에서도 마찬가지로 '전'으로 끝나는 건물이 '각'으로 끝나는 건물보다 큽니다. 꼭 크기에 따라서만 그렇게 구분되는 것은 아니고, 부처님을 모시는 곳인가 아니면 부처님 아닌 다른 신을 모시는 공간인가에 따라서 이름이 달라진답니다.

절의 중심 • 대웅전

절에 가면 가장 눈에 띄는 건물이 바로 대웅전(大雄殿)입니다. 큰 대(大), 영웅 웅(雄) 자를 쓰지요. 글자대로 풀이하면 '큰 영웅의 방'입니다. 우리나라 절 대부분은 절 중심에 대웅전이 있습니다.

그럼 '큰 영웅'이란 과연 누구일까요? 부처님?

그래요. 대웅전에는 부처님이 계시죠. 그런데 '부처님'이라고 했을 때의 부처는 특별한 어떤 한 분을 가리키는 이름이 아니라 보편적인 존재를 말합니다. 예를 들어 '고양이' 하면 떠오르는 모습이 있죠. 그런데 내가 알고 있는 '미나'라는 고양이가 따로 있다면, '미나'는 고유명사이고 '고양이'라는 말은 보편적인 일반명

• 건물이 중요한 문화재인 곳

안동 봉정사 극락전

강진 무위사 극락보전

이 세 건물은 조선 시대에 나무로 지은 것인데도 아직까지 남아 있는 대표적인 문화재입니다. 콘크리트로 지은 건물이 오래 갈 것 같지만 나무로 만든 건물만큼 오래가지는 못합니다. 그런데 나무 건물도 세월이 가면 좀벌레가 파먹기도 하고 헐기도 해서 군데군데 새 목재를 끼워 넣어 보수를 합니다. 봉정사 극락전은 우리나라에서 가장 오래된 나무 건물인데, 최근 보수공사를 해서 새 건물 같아 보입니다.

영주 부석사 무량수전

사가 되는 것입니다. '부처님'은 고유명사가 아니고 일반명사로서, 불교에는 여러 부처님이 있습니다. 그중 우리가 보통 머릿속에 그리는 한 분의 부처님은 이 세상에 태어나 우리 인간처럼 살다 가신 석가모니 부처님(원래 이름은 고타마 싯다르타)을 말합니다. 이분이 고민하고 깨달아 그 가르침을 전파한 것이 불교이기에 흔히 '부처님' 하면 이분을 떠올리는 것입니다. 보통 절의 중심 건물인 대웅전에 있는 부처님은 바로 이 석가모니 부처님이지요.

석가모니 부처님을 모시는 곳을 대웅전이라고 하는 절도 있고 대웅보전이라고 하는 절도 있습니다. 석가모니 부처님 곁에 또 다른 부처님을 함께 모시고 있으면 대웅전에 보배 보(寶)자를 써넣어 대웅보전(大雄寶殿)이라고 하고, 석가모니 부처님만 모시거나 다른 보살 혹은 제자들과 함께 모신 경우는 대웅전이라고 합니다. 대웅전과 대웅보전 둘 중에 어느 것이 더 높거나 낮거나 하지는 않습니다.

부처님은 여러 분

석가모니 부처님 말고도 다른 부처님이 있다는 사실이 새롭게 느껴진다고요? 불교가 일어났던 초창기에는 석가모니 부처님 외에도 석가모니가 훗날 부처

부안 내소사 대웅보전

해남 미황사 대웅보전

남양주 봉선사 큰법당

김천 직지사 대웅전

가 될 것을 내다보았던 과거 일곱 분의 부처님, 미래에 오실 미륵불 등이 있었습니다. 그런데 불교가 혼자 동굴 속에서 수행하는 개인적인 공부에서 점차 다른 사람에게 가르침을 전달하는 종교로 바뀌어 가면서 부처님이 점점 더 늘어났습니다.

잘 모르는 눈으로 보면 모든 불상이 석가모니 부처님 같아 보이는데, 알고 보면 다 다릅니다. 일단, 불상이 모셔진 건물에 걸려 있는 현판을 보면 저 안에 누가 있겠구나 알 수 있습니다. 예를 들어 대웅전에는 가장 '큰 영웅'인 석가모니 부처님이 있고, 관음전에는 관음보살님이 있으며, 지장전에는 지장보살님, 미륵전에는 미륵 부처님이 있습니다. 이렇게 건물 이름에 그곳에 계시는 부처님이나 보살님이 표시되는 경우도 있으나, 달리 불리는 말로 쓰이는 경우도 있습니다. 극락전이나 무량수전이라고 불리는 곳에는 아미타 부처님이 있고, 대적광전이라고 불리는 곳엔 비로자나 부처님이 있으며, 팔상전이라고 불리는 곳에서도 석가모니 부처님을 모십니다.

건물 안에 들어가서는 손 모양(수인)을 보고 어떤 부처님인지 구분할 수 있습니다. 석가모니 부처님이 선정에 들 때(마음에 흐트러짐이 없는 상태)의 손 모양을 선정인이라고 합니다. 명상을 할 때 양반다리 하고서 손을 배 앞쪽에 대고 두 손이 겹치게 엄지가 맞붙은 손 모양입니다. 이 세상을 이끌어가는 진리가 무엇

인가, 하며 조용히 명상에 든 모습입니다. 선정인 상태에서 오른손 검지로 땅을 가리키는 모습이 항마촉지인입니다. 마귀를 항복(항마)시키고 땅을 가리키는(촉지) 손 모양이라는 말입니다. 명상에 들었는데 마귀가 나타나 자꾸 방해합니다. 마귀가 석가모니더러 아무리 명상을 해도 너는 진리를 깨칠 수가 없을 것이라며, 네가 깨달음을 얻은 것을 본 증인이 아무도 없지 않느냐고 하자, 석가모니가 "이 땅이 나의 증인이다."라고 하면서 손가락으로 땅을 가리키는 모습입니다. 그리고 역시 선정인 상태에서 한 손을 위로 올려 편 상태인 두려워 말라는 뜻의 시무외인과 원하는 것을 이루리라는 뜻의 여원인이 석가모니 부처님이 많이 하고 계시는 손 모양입니다.

한편으로는, 왼쪽 검지를 오른손으로 쥐고 있는 손 모양도 많이 보았을 겁니다. 지권인이라고 하는데, 중생과 부처는 둘이 아니라 하나라는 뜻이 담겨 있습니다. 이렇게 하고 계신 분은 비로자나불입니다. 현실의

시무외인과 여원인을 함께 취한 송광사 대웅보전 부처님

지권인을 하고 있는 보림사 철조 비로자나불

부처님이라기보다는 깨끗한 진리 그 자체를 부처님으로 형상화한 분이지요. 어쩌면 석가모니 부처님이 깨달은 진리가 바로 우리가 알고 싶어 하는 것이기에, 비로자나불이 더 근원적인 부처님이라고 할 수도 있습니다.

"나무아미타불"이라는 염불은 많이 들어 보았지요? "아미타 부처에게 돌아간다"라는 뜻인데, 아미타 부처님 또한 여러 부처님 가운데 한 분입니다. 불교에서 말하는 천국인 극락세계에 가 계신 부처님이라, 아미타불을 열심히 외우면 죽은 뒤 극락에 갈 수 있다고 해요. 이분은 손 모양만도 아홉 가지가 있습니다. 사람마다 공부를 한 정도와 성품이 다르기 때문에, 저 세상에 가는 많은 사람들에게 각기 알맞은 처방을 내리기 위한 손 모양입니다.

절에는 어떤 건물이 어떻게 들어서나

모든 절에서 공통으로 볼 수 있는 건물들이 있는가 하면, 특색 있는 건물을 따로 갖춘 절도 있습니다. 절의 건물 배치는 어떻게 이루어진 걸까요? 어떤 법칙이라도 있는 걸까요?

  깨달음을 얻고자 하는 사람들이 모이면, 함께 모여 공부하고 생활할 필요가 있기 때문에 절 건물을 짓게 되는데, 수행의 목표로 삼는 부처님을 모시고 그 불상이 들어갈 방을 가장 중요한 공간에 만듭니다. 만약 세상에 직접 오신 석가모니 부처님을 모시는 방이면 그에 걸맞게 대웅전을 가장 중심에 만들어 놓고, 현실 속의 부처님보다는 진리 그 자체를 가장 중요하게 모신다면 대적광전을 만들어 비로자나불을 모십니다. 세상의 옳지 않은 불평등을 해소해서 모든 사람이 행복해지는 모습을 원하는 미륵불을 모시는 경우도 있고, 부처님이 아니라 가르침을 주었던 위대한 스승님을 모시기도 합니다.

  이렇게, 어떤 가르침을 따르고 전파할 것인가에 따라서 절마다 특색이 정해지고 건물 배치도 그에 맞게 이루어집니다. 절을 뜻하는 한자말 가운데는 '가람'이라는 말도 있는데, 절의 주요 건물을 배치하는 일을 흔히 '가람 배치'라고 합니다.

  우리나라는 고려 때 몽골의 침입, 조선 시대의 임진왜란과 정묘호란 그리고 한국전쟁에 이르기까지 많은 전쟁을 겪으면서 대부분 목조 건물로 이루어진 절이 많이 불타 버렸습니다. 절에 살며 수행하시던 스님들도 전쟁으로 돌아가시거나 뿔뿔이 흩어져 불교의 힘은 점점 약해지게 되었습니다.

선정인

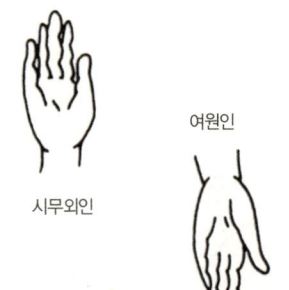
시무외인
여원인

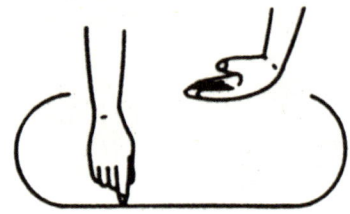
항마촉지인

지권인

그런가 하면 한 스님이 새로운 터전을 찾아 다른 곳으로 옮겨 가면서, 이전에 내세웠던 가르침과 새로 들어간 절에서 주장하는 가르침이 합해지고 또 다른 스님과의 생각도 합쳐지면서 우리 불교는 점점 통일된 모습을 갖추게 되었습니다. 학문적인 용어로는 통불교(統佛教)라고 합니다. 통일시켜 놓은 불교라는 말이죠. 종교가 이런 저런 갈래로 나뉘어 오랫동안 싸움에 휩싸이는 나라나 지역도 있는데, 우리 조상들은 이렇게 통일하는 방법을 택했으니 참 다행입니다.

그래서 우리나라 절에 가 보면 간혹 대적광전이나 아미타전이 주요 건물인 절도 있긴 하지만, 일반적으로는 대웅전이 가장 중요한 건물로 자리잡고 있습니다. 원래는 '대웅전의 석가모니 부처님'이 표준이라고 할 수는 없었는데, 우리나라의 통불교적인 성격에서 이런 결과가 나왔다고 볼 수 있습니다.

부처님과 보살님은 어떻게 다른가

법당 안으로 들어가 볼까요. 교회에 가면 예수님이 혼자 계신데, 법당에는 부처님뿐만 아니라 다른 분들도 함께 있습니다. 왼쪽과 오른쪽에 있는 분들을 협시보살이라고 합니다. 보살은 또 뭘까요? 부처님과는 어떻게 다른 분일까요?

절에서 용을 찾아봅시다

절에는 인도의 신이나 신격화된 갖가지 동물이 부처님 세상을 지키고 있습니다. 용도 그 가운데 하나로, 건물 지붕이나 기둥 또는 건물의 이름을 알리는 현판 옆에 용이 조각되어 있는 것을 흔히 볼 수 있습니다.

생긴 게 멋있어서 그런 것이 아니라, 이유가 따로 있어요. 용은 자식이 아홉이라고 하는데, 하는 일이 워낙 많기 때문에 자식을 많이 두었답니다. 힘 쓰기를 잘하는 용은 비석 아랫부분에 놓아 비석을 받치게 하고, 무엇을 바라보기만 해도 삼키는 힘이 탁월한 용은 건물 가장자리 부분에 놓아 불이 나면 불길을 바로 삼키게 하고, 울기를 잘하는 용은 종 윗부분에 올려 소리를 잘 나게 합니다. 더불어, 나쁜 세력으로부터 절의 권위를 지키는 역할을 하는 것도 용이 하는 일입니다.

칠곡 송림사 삼존불

보살은 불교가 처음 발생되었던 시절에는 없었던 존재인데, 훗날 불교가 널리 퍼지면서 생겨났습니다. 불교는 사람을 위한 깨우침을 주는 종교이기 때문에 모든 사람에게 부처님의 영향이 미쳐서 깨우침을 얻도록 해야 할 텐데, 사람마다 가르침을 받아들이는 능력이 다르고 얻고자 하는 바도 다르니 역할이 각자 다른 보살이 생겨난 것입니다.

보살들은 부처보다도 사람들을 더 잘 도와줍니다. 불교에서는 평범한 사람들도 깨달으면 부처가 된다고 하고, 부처란 곧 깨달은 자라는 뜻을 갖고 있기도 합니다. 보살도 깨달음의 경지에 올라간 이들입니다. 그러나 깨달음의 최종 목적지인 부처의 경지에 오르지 않고, 아래로는 사람들을 돕고 위로는 가르침을 더 구한다는 목표를 삼아 여전히 노력하고 있는 이들입니다.

마음씨 고운 지장보살   실천하는 보현보살

보살님은 부처님처럼 높은 데 계셔서 거리감이 느껴지는 분이 아니라 항상 우리 곁에 어머니처럼 친숙한 모습으로 존재합니다. 그래서인지 우리나라에서는 여성 불교신도를 '보살님'이라고 부르기도 하지요.

여러분도 많이 들어 보았을 친숙한 보살들로는 문수보살, 보현보살, 지장보살 그리고 관음보살 등이 있습니다. 보살님들을 보면 장식품이 만만치 않아요. 목걸이도 걸고, 머리에는 멋진 관을 쓰고 있습니다.

왼쪽 사진에서 석가모니 부처님의 양옆에 모셔져 있는 분들은 문수보살과 보

지혜로운 문수보살   자비로운 관음보살

현보살입니다. 부처님과 함께 '삼존불'이라고 합니다. 왼쪽이 문수보살, 오른쪽이 보현보살입니다. 왼쪽에 모셔진 분은 지혜로운 꾀를 잘 내는 분으로 움직이지 않고 항상 옆을 지키고, 오른쪽에 모셔진 분은 실천을 주로 하며 외부 활동을 담당합니다. 문수보살은 사자를 타고 있는 모습으로, 보현보살은 코끼리를 타는 모습으로 그려질 때가 많습니다.

포근한 관음보살 계신 곳 • 관음전

우리나라의 절 이름을 조사해 보니 관음사, 관음암 하는 식으로 '관음'이라는 말이 들어간 이름이 가장 많다고 합니다. 그만큼 '관음'이 인기 있는 이름이라는 것이겠죠.

관음이라는 말은 참 재미있는 말입니다. 보통 우리는 소리를 '듣게' 되지요. 그런데 관음보살은 볼 관(觀)에 소리 음(音), 즉 소리를 '보는' 보살입니다. 사람들의 소리 가운데는 기쁨의 소리도 있겠지만, 자신을 도와줄 거대한 관음보살 앞에 서게 되면 아픈 소리를 더 많이 내지 않겠습니까. 모든 사람들이 각자 아픈 소리를 내다 보니, 그 소리가 하도 많아 그것을 다 듣지 못하고 볼 수 있는

• 월정사의 문수보살, 보현보살 벽화

여기저기서 동물들이 소리를 냅니다. 자기 주장을 펴며 와자지껄 소란스럽습니다. 여기에 사자가 한번 "어흥" 소리를 내면 다른 동물들은 잠잠해집니다. 크고 권위 있는 사자의 소리. 지혜 제일 문수보살입니다.

동물들이 여기저기 먹이를 찾아 나갑니다. 모든 동물들의 발자국이 흩어져 있는데, 이 모든 것을 덮어 버리는 큰 발자국이 있습니다. 행동이 가장 크고 적극적인 코끼리. 실천 제일 보현보살입니다.

관음보살이 된 듯합니다. 관음보살은 관세음보살 또는 관자재보살이라고도 합니다.

드라마 같은 데서 스님과 인사하는 장면을 보면 흔히 "나무아미타불 관세음보살"이라고 합니다. 불경을 읽는 것을 '염불'이라고 하는데, "나무아미타불 관세음보살"이라는 말은 염불의 대표적인 문구입니다. 거기에 들어갈 정도로 관음보살은 우리에게는 친숙한 분입니다. 여러분도 관음전에 가서 관음보살 앞에 서면 소원 하나씩을 얘기해 보세요. 단, 소원을 빌기 전에 내가 할 수 있는 노력을 다 해야 한다는 걸 잊지 마세요.

카메라 브랜드인 캐논(Canon)이라는 상표 본 적 있지요? '캐논'은 '관음'의 일본식 발음인 '콰논'을 소리 내기 쉽게 적은 것이라고 합니다. 세상의 소리를 다 보는 관음보살처럼 세상의 모든 것을 기록하자는 의미로 그런 이름을 지었다고 하네요.

모자 쓸 틈이 없는 지장보살 • 지장전

부처와 보살을 겉으로 보았을 때 가장 큰 차이는 바로 머리에 쓴 모자입니다.

부처님은 모자를 안 쓰고 있지만 보살님은 보통 화려한 모자를 쓰고 있거든요. 그런데 딱 한 보살님은 모자를 안 쓰고 있고, 장식품도 거의 없어요. 바로 지장보살입니다.

보살님들은 각자 이루고자 하는 목표를 세워 놓고 거기 도달하고자 수행을 하는 분들입니다. 지장보살의 목표는 지옥에 단 한 사람이라도 떨어지면 부처가 되지 않겠다는 것입니다. 그래서 직접 지옥에 들어가 지옥으로 떨어지는 사람들을 받아 내고 있죠. 한 사람 받아 내고 나면 또 저만치서 떨어지고, 달려가 그 사람 받아 놓고 나면 또 뒤에서 떨어지고……. 정신없이 사람들을 구해 주고 있는데, 너무 바빠 움직이다 보니 모자가 벗겨져 땅에 떨어졌어요. 그 모자를 주울 틈도 없이 지옥에 떨어지는 사람들을 구하느라 다른 보살님들과 달리 모자를 쓰지 못하신다는군요.

지장보살은 지옥과 관련된 방에 모셔져 있습니다. 돌아가신 사람에게 인사할 때 "명복을 빕니다."라고 하죠. 죽음을 뜻하는 어두울 명(冥) 자를 써서 명부전이라고 하기도 하고, 지장전 혹은 시왕전이라고도 합니다. 시왕전이라고 할 때 '시'는 열 십(十) 자입니다. 지옥에 가면, 세상에 살았을 때의 죄를 벌하는 열 분의 왕이 있다고 합니다. 그중 가장 유명한 왕이 염라대왕이지요. 염라대왕은 시왕전의 다섯 번째 왕으로 지장보살의 왼쪽 편에서 책을 머리에 올리고 있습니다.

찾았나요, 염라대왕?

죽은 뒤에 천국에 간다거나 지옥에 간다든가 하는 생각은 불교 말고 다른 종교에도 다 있습니다. 사람들은 죽음에 대한 두려움 때문에 종교를 만들었으니, 종교를 통해 죽음이라는 문제를 해결할 방법을 알고 싶어 하지요. 절에 오는 사람들은 지장전에 가서 죽음 뒤의 세상에 대해 생각하고 극락세계에 가기를 기원합니다.

우리 인간이 태어났다는 사실은 곧 언젠가는 죽는다는 것을 뜻합니다. 보통 우리는 '살아간다'고 말하지만, 어쩌면 '죽어 간다'고 하는 것이 맞는 표현일 수도 있을 겁니다. 내가 언젠가 죽는다는 것은, 인정하고 싶지 않지만 명백한 사실입니다.

불교에서는 죽음을 한 생명의 마지막으로만 보지 않고, 여러 가지 조건들이 합쳐졌다가 분리된 것이라고 생각합니다. 나의 죽음은 내 생명이 끝나는 것이지만, 또 다른 생명의 탄생을 의미할 수도 있다는 거지요.

알 듯 모를 듯 하다면, 좀 더 얘기해 볼까요? "겨울에 눈이 많이 오면 그 해 농사는 풍년이다."라는 말 들어 봤나요? 여러분은 어떻게 생각하세요?

눈은 땅을 덮어 주는 담요 역할을 합니다. 그래서 눈이 많이 오면 땅속에 들어 있는 씨앗의 영양분이 잘 보존되고, 땅도 얼지 않고 뽀송뽀송해집니다. 이러다가 날씨가 풀려 눈이 녹으면 저절로 땅에 수분 공급도 해 주니 작물이 잘 자랄 수 있는 좋은 환경이 되어 풍년이 들겠지요.

  세상일은 그 어떤 것도 혼자서만 일어나는 것이 아닙니다. 한 가지 일에는 얽혀 있는 수많은 원인이 있고, 그 일은 또 다른 일이 일어나는 원인들과 이어져 새로운 일을 낳습니다. 이렇게 얽혀 있는 세상일을 불교에서는 '연기'라고 합니다.

  겨울의 눈과 풍년이 무슨 상관일까 싶지만 사실은 상관이 있듯, 불교에서 바라보는 삶과 죽음의 관계도 그런 것입니다. 나의 죽음은 단순히 내가 죽는 것으로 끝나는 것이 아니며, 내가 없어지면서 생겨나는 여러 가지 일들은 다시 다른 사람에게도 영향을 미쳐, 그로 인해 새로운 무언가를 얻는 사람이 있겠지요. 그렇다면 그 사람의 생명 또한 자기 혼자만의 것이 아닐 것입니다. 지금의 나 자신은 이렇게 수많은 인연이 얽혀 있는 존재인 것이고요.

불교에서 말하는 삶과 죽음의 수레바퀴입니다. 깨달음을 얻지 못하면 여섯 개의 세계를 그치지 않고 돌게 된대요. 이것을 '윤회'라고 합니다.

종소리로 때를 알리다 • 범종루와 사물

  여러분은 학교 갈 시각을 어떻게 알고, 재미있는 TV 프로그램 하는 때를 어떻게 알지요? 하하, 맞아요. 시계를 보면 되지요.

  절에서도 여러 스님들에게 밥 먹는 시간, 모임을 가질 시간 등을 알려야겠지

해인사 범종

해인사 운판

해인사 법고

해인사 목어

요. 그럴 때 쓰는 것이 바로 운판·목어·법고·범종 들입니다. 모두 타악기처럼 두드려 소리를 내는 것인데, 그 기능이 조금씩 다릅니다. 운판은 시계가 정확한 시각을 알려 주는 지금도 식사 시간을 알리는 도구로 사용하지요.

이 네 가지를 볼 수 있는 곳이 범종루입니다. 1층 건물로 지은 경우에는 범종각이라 하고, 2층 이상으로 지었으면 범종루라고 합니다. 범종 하나만 둔 곳도 있고, 운판·목어·법고·범종이 함께 걸려 있는 곳도 있습니다. 매일 새벽, 온 세상이 아직 잠들어 있는 새벽 세 시 반이면 세 분의 스님이 범종루에 들어가 운판·목어·법고·범종을 차례로 두드리며 아침을 흔들어 깨우는 의식을 거행하십니다. 절에서 하룻밤 묵을 일이 있다면 이 시간의 '산사 음악회'를 꼭 한번 지켜보세요. '장엄하다'는 말로는 다 표현하기 힘든 광경이랍니다.

우리 전통악기 징·장구·북·꽹과리를 연주하는 것을 '사물놀이'라 하는데, 절에 가면 운판·목어·법고·범종 역시 사물이라고 말합니다. 사물이라는 이름이 붙은 것은 어느 쪽이 먼저였을까요?

사실 '사물놀이'라는 이름은 그리 오래되지 않았습니다. 1970년내 후반부터 생겼지요. 원래는 일어서서 마당놀이로 즐기던 연주를 앉아서 하거나 실내 공연용으로 만들어 선보이게 되었는데, 그 이름을 새로 정할 때 불교의 '사물'을 따서 사물놀이라 부르게 된 것이라고 해요.

탑과 부도 살펴보기

지금까지는 주로 나무로 만들어진 건물과 문화재들을 살펴보았습니다. 그런데 우리나라 불교 문화유산 중에서 가장 많은 부분을 차지하는 것은 다름아닌 돌로 만들어진 것들입니다. 목재로 만든 건물은 불에 타기 쉬워 지금까지 남아 있기가 어렵고, 불에 타지 않지만 크기가 작고 움직이기 쉬운 것은 쉽게 사라지기 때문입니다.

답사를 다니다 보면 '폐사지'라고 불리는 곳에도 가게 되는데, 그런 곳에 보면 'OO사지 석탑'이라는 안내문이 붙어 있는 탑이 많습니다. 옛날에 'OO사'라는 절이 있었는데, 절은 없어지고 지금은 탑만 남아 있다는 뜻입니다.

탑은 왜 만들었을까

탑을 안내하는 영어 안내문을 보면 '파고다'라고 쓰여 있는 경우가 있고, '스투파'라고 적어 놓은 것도 있습니다. '스투파'가 바로 절에서 볼 수 있는 탑을 말

경주 남산에 있는 용장사 터 석탑

하는 단어인데, 인도말 '스투파'가 중국에서 '탑파'로 쓰이고, 우리가 그것을 '탑'으로 표기하게 된 것입니다.

탑은 맨 처음 부처님의 무덤으로 만들었습니다. 위대한 스승인 석가모니 부처님이 돌아가시자(불교 용어로는 '열반에 든다'고 합니다), 화장을 하고 난 뒤 나온 '사리'를 장례식에 참석한 여덟 부족이 나눠 갖습니다. 그러고는 부처님의 사리를 가지고 가서 무덤을 만들고 기념물을 세웁니다. 이것이 인도에서 말하는 스투파, 곧 탑의 출발입니다.

아, 사리가 또 뭐냐고요? '샤리라'라는 인도말에서 유래된 것인데, 위대한 스님이 돌아가시고 화장한 뒤에 나오는 유리알 같은 덩어리를 뜻합니다. 하지만 원래의 의미는 타다 남은 시신 그 자체를 일컫는 것이었습니다.

여덟 곳에서 팔만여 곳으로

부처님의 시신을 모시는 기념물이었으니 스투파는 여러 군데 있을 수가 없었겠지요. 그런데 사람들이 살면서 고통스러워할 때 누군가 "석가모니라는 이가 있었는데 고통을 해결하려면 이렇게 해야 한다더라." 하고 말해 주며 가르침을 전하니, 거기에 감동을 받은 사람들은 석가모니의 흔적이라도 느껴 보기 위해 스투파에 와 보고 싶어 했을 것입니다. 인도 땅은 넓은데 스투파는 여덟 군데에만 있으니, 스투파까지 오는 데도 오랜 시간이 걸리고, 한번 왔으면 그 앞에서 천막을 치고 며칠을 보내며 석가모니의 가르침을 되새겼을 것입니다.

여기서 중요한 점! 사람이 이렇게 모이다 보니, 이런 순례자들을 대상으로 필요한 물건을 파는 사람들이 또 모여듭니다. 옛날부터 시장이란 사람이 이동하면서 생기는 법이거든요. 장사하는 사람들은 순례자들에게 그냥 물건만을 파는 것이 아니고, 탑에 묻혀 있는 석가모니 부처님의 가르침도 전달합니다. 남에게 가르치면서 자신도 점점 더 석가모니를 닮아 가게 되는데, 이런 과정을 통해 불교가 점차 발전합니다.

석가모니 부처님의 초기 가르침대로 수행하던 이들은 자기들끼리 공동생활을 하기도 하고 토굴을 만들어 혼자 수행을 하기도 했는데, 도심 속 스투파를 중심으로 모였던 이들은 다른 사람들과 함께 수행하는 길을 택한 것입니다.

스투파는 석가모니 부처님을 생각하고 그 가르침대로 살 것을 한 번쯤 생각게 하는 기념물인데, 여덟 군데밖에 없으니 안타까운 일이었죠. 그래서 인도를 최초로 통일한 아소카 왕은 부처님의 무덤인 스투파를 팔만여 곳으로 나누었습니다. 중국으로 들어간 스투파는 '탑파'라고 번역이 되었고, 우리나라에선 '탑'이라고 소리 내어 읽게 되었습니다.

인도 산치탑(위), 경주 분황사탑(아래)

인도의 탑을 보면 마치 무덤 모양 비슷하지요? 분황사탑은 현재 남아 있는 신라 석탑 중 가장 오래된 것입니다.

우리나라에도 석가모니 부처님 무덤이?

우리나라에도 다섯 군데(양산 통도사, 평창 월정사, 설악산 봉정암, 영월 법흥사, 정선 정암사)에 부처님의 진신사리(석가모니 부처님의 몸에서 나온 사리)가 모셔져 있습니다. 이곳을 5대 적멸보궁이라 하지요.

원래의 탑은 부처님의 사리를 모시는 곳인데, 사리뿐만 아니라 부처님이 하신 말씀인 불경을 넣어 두는 곳도 있습니다. '진신사리탑'이라고 하면 다름아닌 부처님의 사리가 있다는 뜻이고, 진신사리탑이 아닌 탑에는 불경을 다르게 표현하는 '법사리'가 들어 있습니다.

지금은 불상을 중심으로 절 건물이 배치되는데, 원래 절은 탑에서 시작된 것입니다. 부처님의 몸이 들어 있는 곳이 탑이니 당연하지 않았겠어요? 탑을 보호하고, 탑에 참배하러 오는 사람들에게 정보를 제공하던 이들이 머무르던 곳이 바로 탑 옆에 있는 건물이었습니다. 그런데 불상이 생기고부터는 탑을 바라보면서 불러일으켜지는 신앙심보다는 위대한 이의 외형을 그대로 본따 만든 불상을 보면서 신앙심을 키우고자 하는 마음이 더 강해졌습니다. 그래서 절의 중심이 점점 더 불상으로 넘어간 것입니다.

우리나라같이 법당 앞에 탑이 두 기가 있는 것은 탑보다는 불상으로 예배의 중심이 옮겨 갔음을 말해 주는 증거입니다. 우리나라에도 맨 처음 절이 생겼을 때는 탑이 하나뿐이었어요. 숭배의 대상을 여러 개 만들지는 않았으니까요.

불상은 불교 초기부터 있었던 것은 아닙니다. 석가모니가 돌아가시고 난 뒤 5, 6백 년쯤 지났을 때부터 만들어졌다고 해요. 석가모니 열반 후에 석가모니가 태어나고, 깨닫고, 가르침을 펴고, 열반에 들었던 곳을 4대 성지라고 해서 기념했고, 이곳에는 석가모니의 사리를 모시는 탑이 세워졌습니다. 그런데 인도가 그리스의 침입을 받으면서 그리스 문화가 전해집니다. 인도 서부 지역인 간다라 지방에 그리스의 미술 양식이 들어온 것입니다. 그러면서 불교를 믿었던 이들이 석가모니 부처님을 지금 우리가 흔히 보는 형상으로 만들게 되었습니다. 그리스 조각상과 간다라 지방의 불상에는 비슷한 점이 많지요?

그리스 미술

큰스님 잠들어 계신 곳 · 부도

절을 나오다 보면 작은 탑들이 무리 지어 있는 것을 흔히 볼 수 있습니다. 부처님의 무덤인 탑을 본떠 만든 '부도'입니다. 돌아가신 스님의 사리를 모셔 둔 기념물이지요. 부도 옆에는 스님의 행적을 기록한 비석이 세워져 부도와 한 세

간다라 미술

• 문화재로 지정된 대표적인 탑

탑은 원래 부처님의 무덤이었지만, 죽음을 기리는 차원을 넘어서 위대한 이를 기념하는 장소가 되면서 그 모습이 화려해집니다. 중국에서는 나무로 높게 세워서 화려함을 더했고, 우리나라에서는 돌로 만들었죠.
석가탑은 우리나라 탑 가운데 가장 모범으로, 우리나라 삼층탑의 모습이 여기서 완성되었다고 보면 됩니다.
다보탑의 경우는 개성을 마음껏 발휘한 모습입니다. 돌을 자유자재로 자른 데서 옛 장인들의 솜씨와 불심이 느껴집니다.
국립중앙박물관에는 경천사 십층석탑이 있습니다. 일반적으로 탑은 3, 5, 7의 홀수 층으로 만드는데, 고려 말기에 만든 이 탑은 10층으로 중국 원나라의 영향을 받았다고 합니다. 돌을 다듬은 솜씨가 뛰어나고 석탑 벽면에 그려진 그림들 또한 일품입니다.

불국사 석가탑

불국사 다보탑

경천사 십층석탑

트가 됩니다. 이름난 스님의 경우는 왕실에서 부도를 만드는 데 필요한 비용을 대기도 했고, 왕이 직접 부도의 이름을 지어서 내려 보내 주기도 했습니다. 세워진 지 오랜 시간이 흐른 지금까지 부도와 비석이 온전히 남아 있어서 부도의 주인이 누구인지 알 수 있다면 역사적으로 아주 귀중한 자료가 됩니다.

부도는 절과는 좀 떨어져서 홀로 모셔진 경우가 있고, 절 입구 혹은 멀찍이에 부도 여러 기가 함께 놓여 있는 경우도 있습니다. 하나만 모셔져 있는 부도는 이름 있는 큰스님의 부도인 경우가 많습니다. 여럿이 모여 있는 부도보다 더 정교하게 조각되어 있으며, 부도의 주인인 스님을 예배하기 위해 제자 스님들이 그 옆에 암자를 지어 머물고 있습니다. 그런가 하면, 세밀하게 조각되어 있지 않으면서 여러 기의 부도가 한꺼번에 모여 있는 곳은 '부도밭'이라고 합니다.

순천 송광사 불일암의 스님 거주지

부도가 하나만 놓여 있는 곳을 한번 볼까요? 멋지기로 소문난 구례 연곡사 부도나 화순 쌍봉사 부도 등은 통일신라 시대 불교의 종파(새로운 갈래)를 창시한 스님의 부도입니다. 불교의 힘이 컸던 시대의 위대한 스님들이니 만큼 멋지고 화려하게 부도를 꾸몄습니다. 통일신라 말기에 만들어진 유명한 부도를 보고 있으면 돌을 조각하는 예술적인 기술에 놀랍니다. 돌을 나무 다루듯 하여 섬세한 표현을 해 놓았거든요. 그러던 것이 고려 시대를 지나 조선 시대로 넘어오면서부터는 모양이 조금씩 단순해져 갑니다.

양산 통도사 부도밭

69

이런 부도를 만들고 관리하는 데는 경제력이 뒷받침되어야 합니다. 왜냐고요? 큰 깨달음을 이룬 훌륭한 스님이 돌아가셔서 그분만의 부도를 세운다면 그것을 관리할 스님이 따로 필요합니다. 마치 무덤을 보살피듯 말이지요. 그러자면 부도 옆에 그 스님이 거주할 암자도 만들어야 하는데, 큰스님 한 분마다 부도를 따로 만든다면 암자도 매번 새로 지어야겠지요. 불교가 대우받던 시절에야 돈이 넉넉했겠지만, 스님이 천민 취급 당하던 조선 시대에는 부도 하나만을 화려하게 만들어 놓고 아침저녁 정성껏 예불을 드리고 돌볼 만한 여력이 없었습니다. 그래서 부도를 한꺼번에 모아 놓고 보살피기 편하도록 부도밭을 만들게 된 것입니다. 이렇게 하면 별도로 건물을 지을 필요가 없으니 돈도 덜 들고 관리하는 사람도 덜 필요했겠죠. 절에 갔을 때 부도밭을 보게 되면, 대부분 조선 시대 이후에 만들어진 것이라고 생각하면 됩니다. 이전의 불교 전성시대와 비교되는 조선 시대 불교의 역사를 부도밭에서 볼 수 있는 셈이지요.

염거화상 부도 (국립중앙박물관)

쌍봉사 철감선사 부도

해인사 성철스님 부도

대표적인 부도

통일신라 시대의 염거화상은 우리나라에 선종이라고 하는 불교의 한 종파를 들여온 스님인 도의선사의 제자입니다. 염거화상의 부도는 현재 남아 있는 부도 중 가장 오래된 것입니다. 위대한 스님의 무덤을 부처님을 모시는 탑처럼 멋지게 만들어 놓았습니다.

부도 예술의 최고봉으로 꼽히는 쌍봉사 철감선사 부도 또한 통일신라 시대 것인데, 과연 사람이 만들었을까 할 정도로 돌을 화려하게 다룬 솜씨가 돋보입니다.

그런가 하면, 1998년에 세워진 성철스님의 부도는 원과 반구, 사각형 등이 어우러진 현대적인 아름다움이 돋보입니다.

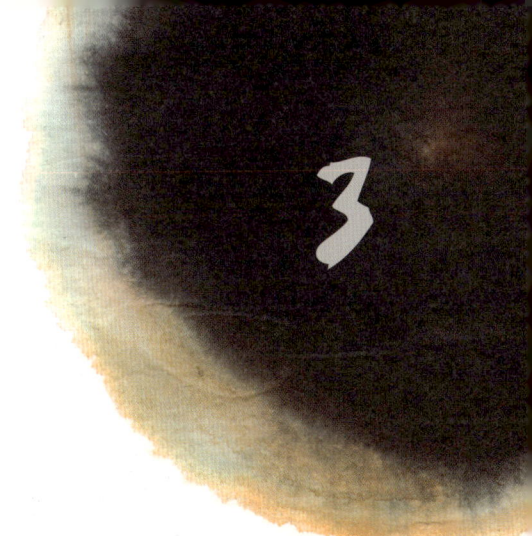

벽화와 건물 장식

절에는 재미있고 신기한 그림도 많이 있습니다.
그래서 저는 어린이들과 체험학습을 갈 때
"절에 그림 보러 가자"는 주제를 따로 잡기도 합니다.
절에는 탱화라고 부르는 걸개그림도 있고, 건물 벽에 그려진 벽화도 있습니다.
떼었다 붙였다 할 수 있는 그림이 탱화이고 벽에 붙어 있는 그림은 벽화입니다.
절 건물 벽에 그려진 벽화는 불교를 잘 몰라도 재미나게 볼 수 있답니다.

왜 건물 벽에 그림을 그렸을까?

만약 "목이 말라 그러니 물 좀 주십시오." 하는 말을 듣고 누군가에게 물을 건네주어야 한다면 어떻게 전달할까요? 그냥 물 자체를 던져 줄 수 없는 노릇이니 병에 담아서 주든가 컵에 따라서 주든가 해야 할 것입니다.

불교에서 말하는 진리를 전달하는 방법도 그렇습니다. 수행을 오래 하신 분들이라면 눈빛만으로도 마음을 전할 수 있겠지만, 보통 사람들은 말이나 글을 통해 듣고 보고 생각해야만 진리에 이를 수 있습니다. 그런데 말로 전하면 바로 앞에서 듣고 있는 사람만 들을 수 있고, 글로 전한다면 글자를 알아야 한다는 조건이 붙습니다. 지금이야 누구나 다 글을 배울 수 있지만, 옛날에는 글을 안다는 것은 곧 권력이 있다는 것과 마찬가지였거든요. 그래서 일찍이 불교에서는 절 건물 벽에 그림을 그려서 말하고자 하는 것들을 설명하기 시작했습니다. 물을 컵에 담아 건네주듯, 그림을 통해 불교의 진리를 전달하려고 하는 것이죠. 피카소의 그림 같은 추상화를 그리겠다는 것이 아니라면, 그림으로 의미를

전달하려 한다는 것은 말이나 글로써보다 쉽게 전달하겠다는 뜻일 겁니다. 여러분도 글자만 가지고 무언가를 배우는 것보다는 만화를 통해 배우는 것이 조금 더 재미있고 쉽게 느껴지지 않나요?

벼랑 끝의 삶 • 안수정등

재미있는 벽화부터 하나 보여 드릴게요.

넓은 들판에서 코끼리가 쫓아오는 것을 피해 달리다가 커다란 나무에 얽혀 있는 등나무 줄기를 잡고 우물 속으로 들어왔어요. "휴." 하고 안도의 한숨을 쉬고 있는데, 밑에는 뱀들이 입을 벌리고 있고 밧줄은 쥐 두 마리가 갉아먹고 있네요. 좀더 자세히 보면, 나무 위에는 벌집이 있어 꿀벌이 모아 놓은 꿀이 한 방울씩 입으로 떨어지고 있기도 합니다. 이 벽화는 안수정등(岸樹井藤)이라고 합니다. 강기슭의 나무와 우물 안의 등나무 줄기라는 뜻이지요.

등나무 줄기를 잡고 내려오는 것은 이 세상에 태어남을 의미합니다. 처음엔 힘이 세서 꽉 붙잡을 수 있겠지만 시간이 지나면서 힘도 빠지고, 언젠가는 줄기를 놓을 수밖에 없겠지요. 그러면 죽는 것입니다. 게다가 우리 삶 속에는 온

김제 흥복사 안수정등 벽화

갖 질병과 사고가 있잖아요? 줄기를 놓지 않더라도 밑에 있는 독사들 중 한 마리에게만 물려도 죽게 되겠죠. 운이 좋아 줄기를 놓치지도 않고 뱀에게 물리지도 않았다 해도 흰 쥐와 검은 쥐가 계속 밧줄을 갉아먹을 테니 줄기는 언젠가 끊어질 것입니다. 흰 쥐와 검은 쥐는 낮과 밤을 상징합니다.

한 방울씩 떨어지는 꿀은 또 뭘까요? 우리가 순간순간 느끼는 기쁨을 나타냅니다. 예를 들어 볼게요. 갖고 싶었던 게임기가 있었는데 마침 생일선물로 받게 되었어요. 그때의 행복한 기분이 상상이 가나요? 너무너무 기쁠 겁니다. 그러나 게임기를 갖는다고 해서 뭔가를 더 갖고 싶은 마음이 없어지나요? 게임기를 처음 받았을 때의 기쁨은 처음 얼마간만 지속될 뿐, 시간이 지나면 갖고 싶은 것이 또 생기고, 나한테 그것이 없다는 안 좋은 기분에 묻혀 아까의 기쁨은 사라집니다. 꿀은 바로 이런 것을 상징합니다. 언제 끊어질지 모르는 밧줄에 의지해 있으면서도 우리는 잠깐씩 맛보는 달콤한 꿀에 정신이 팔려 정작 자기가 처해 있는 위태로운 상황을 잊고 있는 것이죠.

불교는 현실에서 일어나는 일을 '고통'으로 봅니다. 고통이라고 하면 당장 어디가 아프거나 병이 들어 괴로운 것을 생각하기 쉬운데 그런 것은 아니고요, 근본적으로 태어난 자체가 고통이라는 것이죠. 그럼 안 태어나는 것이 행복일까요? 여기서 잘 생각해야 할 것은, 고통의 반대는 행복이 아니라는 거예요. 불교에서는 행복도 고통의 일종으로 보거든요.

그렇다면 불교는 비관적이고, 온통 고통과 슬픔만 전하는 종교 아니냐고 생각하는 사람도 있을 거예요. 불교는 인생이 고통이라는 생각에서 출발하지만, "고통스러우니까 태어나지 말았어야 해."라고 얘기하는 게 아니라, 고통의 해결 방법을 제시해 주고 있어요. 안 좋은 가르침을 전하는 종교라면 이천 년이 훨씬 넘는 기간 동안 세계 여러 나라에 퍼질 수도 없었을 겁니다.

왜 삶이 고통스러울까요. 자세히 들여다보니 바로 '나'라는 욕심 때문에 고통이 시작된다고 보았어요. 그렇다면 '나'라는 욕심을 없애면 되겠지요. 불교에서는 그 욕심을 없애는 방법을 가르칩니다. 그 가르침을 따르면 욕심이 없어지고, 욕심이 없어지면 자연스럽게 고통스럽지 않은 인생이 될 수 있다는 것입니다.

바르게 살아야겠어! • 지옥도

이번에는 아주 무서운 그림입니다.

형틀에 줄로 묶인 죄인이 벌을 받고 있습니다. 그런데 혀를 길게 뽑아내어 혓바닥을 쟁기로 갈고 있어요. 끔찍한 그림이네요.

어린이들이 그린 안수정등 그림

양산 신흥사 발설지옥 벽화

불교가 전해지기 전, 우리나라를 포함해 중국을 중심으로 하는 한자 문화권에 사는 사람들의 머릿속에는 죽음 다음의 세상, 그러니까 천국이니 지옥이니 하는 것이 있질 않았습니다. 죽으면 몸과 마음이 분리되어 흩어진다고 생각했을 뿐, 죽음 이후의 세상에는 관심이 없었습니다. 단지 살아서 올바른 행동을 하여 그 이름을 후세에 전하는 것을 강조했죠. "죽은 이후의 세상은 어떻습니까?" 하고 제자가 묻자 "삶도 모르는데 죽음을 어찌 알겠느냐."라고 대답한 공자님의 세계관이 바로 그런 것이지요.

　그런데 인도에서 전해진 외래 종교인 불교를 믿게 되면서 죽은 후의 세상에 대해 생각하게 되었고, 기독교가 들어오면서 천국과 지옥이라는 사후세계에 더더욱 관심을 갖게 된 것입니다.

　불교에서는 죽게 되면 7일 단위로 각기 다른 심판관에게 가서, 사는 동안 했던 일에 대한 재판을 받는다고 합니다. 7×7 이면 49인데, 여러분도 사십구재라는 말을 들어 봤을 겁니다. 죽은 뒤 일곱 번째 지옥의 왕에게 심판을 받는 날입니다. 그리고 다시 백 일 되는 날, 일 년 되는 날, 삼 년이 되는 날…… 이런 식으로 해서 열 명의 지옥 왕을 거칩니다. 이분들을 시왕이라고 하는데, 지장전에 계신 분들이 바로 시왕이라고 이미 얘기했지요. 열 분의 지옥 왕들을 만날 때마다 살아서 저지른 죄에 따라 죗값이 매겨집니다. 그래서 지장전 벽에는 모두

칠곡 송림사 발설지옥 벽화　　　ⓒ백종하

열 개의 지옥 그림이 그려져 있어요.

　지금 살펴본 그림에는 '발설지옥'이라고 하는 곳이 그려져 있습니다. 치과에서 이를 뽑는 것을 발치(拔齒)한다고 하지요. 혀를 뽑는 것은 발설(拔舌)입니다. 발설지옥에서 혀를 뽑는 방법은, 혀를 조금씩 빼 가면서 몽둥이로 두드려 크고 넓적하게 펴고는 쟁기로 갈아 버리는 것입니다. 입으로 죄를 지으면 이런 곳에 간다는 거예요. 좀 무섭지요?

　그렇다면 입으로 짓는 죄로는 무엇이 있을까요? 불교에서는 그것을 구업(口業)이라고 말합니다. 사소한 거짓말부터 시작해서, 거짓이 아니라도 말로써 다른 사람을 아프게 하는 것, 누군가에게 겉치레로 대답하는 것들도 입으로 짓는 죄라고 합니다.

　그런데 이런 지옥이 진짜로 있냐고요?

　고려가 망하고 조선 왕조가 세워졌을 때, 고려가 멸망한 원인 가운데 하나는 불교의 폐단이 심했던 점이라고들 합니다. 실제로 불교가 귀족화되면서 일반 사람들의 생활에는 관심을 두지 않은 채 불교 행사만 성대하게 하고, 절에 많은 땅을 주어 일반 농민은 땅도 가지지 못하고 고통을 당했던 것이 사실입니다. 이런 것 때문에 불교를 배척하고 유교를 숭상하도록 한 조선의 지배계급이 불교의 폐단을 말할 때 빼놓지 않은 것이 바로 불교에서 말하는 지옥에 대한 가르침입니다. 있지도 않은 지옥 얘기로 사람들을 현혹시켰다는 것이죠. 사람들에게 바르고 착하게 살게 하려는 가르침을 주려면 그런 예를 들어서 가르치면 되지, 지옥 이야기로 공포감만 불러일으켰다는 주장입니다. 고려 권력층의 지지세력을 없애고, 일반 백성들에게 새로운 시대를 알리려고 했던 조선 왕조에서는 불교를 이런 식으로 거세게 공격했습니다.

그런데 어떤 종교든지 간에 궁극적인 목표는 착하게 살아서 아름다운 세상을 만들자는 것입니다. 불교에서 말하는 지옥이 끔찍하게 들릴 수도 있지만, 사람들로 하여금 지옥의 고통이 얼마나 무섭고 힘든 것인지를 일깨워 올바르고 착하게 살아야겠다는 생각을 이끌어 내기 위한 것일 뿐입니다. 불교의 세력이 커지면서 힘 없는 백성들의 공포심을 자신의 세력을 늘리는 데 이용한 사람들이 많아졌기 때문에 종교의 폐단이 나타났지요. 종교를 믿는 사람들이 얼마나 올바르게 사는지가 항상 중요한 일이니, 종교 자체가 문제의 근원이라고 단정하는 것은 곤란합니다. 이것은 현대의 다른 종교에 대해서도 마찬가지입니다.

미황사 괘불제에 걸린 탱화
ⓒ임정진

펼치면 부처님 세상 • 탱화

무척 큰 그림이지요? 이것이 바로 탱화입니다. 그림으로 그려 걸어 놓은 부처님 모습으로, 걸어 놓을 괘(掛) 자를 써서 괘불(掛佛)이라고도 합니다. 전남 해남의 미황사에 있는 이 큰 탱화는 높이가 1170센티미터에 이르는 대작입니다.

탱화는 절에서 큰 행사를 할 때 공간을 꾸미기 위해 밖에 내걸거나 불상을 만들기 어려울 경우 그림으로 대신하기 위해 그린 것입니다. 그런데 큰 것은 높이가 10미터가 넘어 다루기 쉽지 않은 데다 갑자기 비라도 내리면 그림이 상할 위험도 있어서 밖에 탱화가 걸린 모습을 보기가 쉽지 않습니다. 해남 미황사에서는 일 년에 한 번, 마을 사람들이 정성 들여 농사 지은 것은 부처님께 바치고 다음해 풍년을 빌기 위해 탱화를 내걸고 잔치를 벌여서 많은 사람들이 구경을 오곤 해요.

앞에서 살펴본 다른 그림들과는 달리 탱화는 종교적인 믿음을 드높이기 위해 그린 것이라 불교의 교리를 잘 모를 경우에는 무슨 뜻인지 알아보기가 쉽지 않은데, 그중 가장 유명한 것 한

영산회상도(부분), 1742년, 영취사, 삼베에 색, 364x242cm

가지만 설명해 드릴게요. 왼쪽 그림은 석가모니 부처님이 살아 있을 적에 설교하던 그림을 그린 것으로 '영산회상도'라고 합니다. 영산회상(靈山會相)이라는 말은 영취산에 모여서 설법을 듣는 광경이라는 뜻입니다. 영취산은 석가모니가 한창 활동하던 당시 머무르던 산으로, 모양이 독수리 같다고 하여 수리 취(鷲)자를 써서 영취산이라고 불렀다고 해요. 영산회상도는 석가모니 부처님이 말씀을 할 때 좌우에 제자들을 여럿 거느린 광경을 그린 것으로, 무척 화려하고 멋진 그림입니다.

〈영산회상〉이라는 우리 전통음악도 있습니다. 조선 시대 궁중에서, 또는 풍류를 즐기던 선비들이 연주하던 유교적 분위기가 물씬 풍기는 음악인 영산회상은 사실 불교음악에 뿌리를 두고 있습니다. 영취산에 모인 사람들이 부처님의 자비와 성덕을 찬양하는 내용의 '영산회상불보살(靈山會相佛菩薩)'에 곡을 얹어 부른 것이 원곡인데요, 이것이 민간에 전해지고 시대가 달라지면서 원곡의 불교적인 분위기가 차츰 변화되어 다양한 음악으로 발전한 것이지요.

서울 봉원사에서는 일 년에 한 번 중요무형문화재인 '영산재'가 열립니다. 영취산에 모인 부처님과 제자들의 모습을 오늘에 되살린 것으로, 탱화(괘불) 앞에 온갖 음식을 차리고 음악을 연주하며 죽은 이의 영혼이 좋은 곳에 가도록 빌어 주는 의식입니다.

송광사 심우도

소를 찾고 깨달음에 이르다 • 심우도

혹시 절에 갔을 때 소가 그려져 있는 그림들을 본 적 있나요? 절 건물 바깥 벽면에 가장 많이 그려지는 그림은 석가모니 부처님의 일생을 여덟 장면으로 나누어 그린 '팔상도'이고, 그 다음으로 많이 그려지는 주제가 소를 찾는 과정을 나타내는 '심우도'입니다. 찾을 심(尋) 자에 소 우(牛)자를 쓰지요. 소를 찾는 열 개의 그림이라고 하여 '십우도'라고도 합니다. 잃어버린 소를 마음에 비유하고, 소를 찾아 나서는 소년을 세상살이를 공부하는 수행자에 비유한 그림이지요.

1. 심우 – 소를 찾다

잃어버린 소를 마음에 비유한다고 했죠. 진정한 마음이 어떤 것인지 찾으려 한다고 볼 수 있는 장면입니다.

여러분이 소를 잃어버릴 일은 없을 것 같으니 좀 더 쉽게 설명해 볼까요. 예를 들면, 인라인스케이트를 잃어버렸습니다. 인라인을 생각하고 있지 않을 때는 몰랐는데, 어느 순간 안 보인다는 것을 알게 되었습니다. 안 보인다고 느끼는 그 순간부터 인라인은 내게 없습니다. 인라인이 없어도 노는 데 지장이 없었고, 없다는 생각도 들지 않았는데, 안 보인다고 느낀 순간부터 내 마음에선 없는 것

이 됩니다.

 그림에서처럼 소가 없어졌다는 것을 확인한 순간이 어쩌면 가장 중요한 순간일 수도 있습니다. 없다는 것을 알아야 찾을 생각도 하니까요. 생각해 보면, 우리는 중요한 것이 무엇인지 알지도 못한 채 평생을 살아가기도 해요.

 잃어버린 인라인은 어떻게 찾나요? 집 안 곳곳을 찾아보고 엄마에게도 물어보고 동생이 가져갔을 가능성도 떠올려 보고, 집 안에서 안 찾아지면 아빠 차에 있지 않을까 들여다보고……. 있을 만한 곳은 다 찾아보겠지요.

 잃어버린 소는 어디에서 찾아야 할까요? 소가 풀을 뜯어먹다가 없어졌으니 풀밭 또는 산속으로 소를 찾아 떠나야 할 것 같습니다. 소를 찾아 나서는 동자의 뒷모습이 보입니다. 소를 찾으면 묶어서 데리고 올 밧줄도 준비했네요. 자, 소를 찾아 길을 나섰습니다. 그런데 바로 찾을 수 있는 것은 아닙니다. 있을 만한 곳을 이곳저곳 헤매게 됩니다. 마음의 본모습을 찾기란 쉽지 않을 겁니다.

2. 견적 – 발자국을 발견하다

 앗, 소의 발자국을 찾았습니다. 이 발자국을 따라가면 소를 곧 찾을 수 있을 것 같습니다.

 여러분도 어려운 숙제를 하려고 고민하다가 해결할 방법을 알아낸 적이 있지요? 숙제를 아직 다 하진 않았지만, 그 순간에는 벌써 숙제를 다 끝낸 기분을 느끼며 기뻐합니다. 이 그림은 바로 그런 순간입니다. 아직 목표에는 도달하지 못했지만, 도달하는 길을 알게 된 겁니다. 이 발자국만 잘 따라가면 소를 발견하고, 마음의 참모습을 알게 됩니다.

3. 견우 – 소를 발견하다

발자국을 쭉 따라왔더니 드디어 소를 발견했습니다. 이 녀석이 여기에 이렇게 있었다니. 밧줄은 뒤로 숨긴 채 풀을 들고 다가섭니다. 먹이를 주면 다가와서 먹겠지요.

여러분은 노는 게 좋아요, 숙제하기가 더 좋아요? 당연히 노는 게 더 좋죠. 어른인 나도 마찬가지랍니다. 우리가 노는 것을 좋아하는 것처럼, 소 또한 자기가 좋아하는 풀을 아무런 망설임이나 거부 없이 받아들입니다.

처음 발견했을 때의 소는 검은색 소입니다. 풀을 주면 먹는, 마음 가는 대로 움직이는 그런 소임을 나타냅니다.

4. 득우 – 소를 얻다

풀을 주고서 소에게 다가가자 소가 잘 먹습니다. 앞으로 다 잘될 것만 같습니

다. 이제는 밧줄로 소를 묶어 내가 가고자 하는 방향으로 데려가기 위해 끌어 봅니다. 소가 내 마음대로 움직여 줄까요.

그런데 소는 영 따라와 주지 않습니다. 노는 것이 한창 재미있는데, 엄마가 숙제하라고 한마디 합니다. "네." 하고 대답은 했는데 놀던 생각이 자꾸 떠나지 않고 숙제하는 것이 영 재미있지 않아요. 소 또한 동자를 따라가 일하고 싶어 하는 것이 아니라 자기가 가고자 하는 방향으로 움직이려 할 겁니다.

그럼 소가 가고자 하는 곳은 어디일까요? 일하지 않고 편히 지낼 수 있는 곳이겠지요. 마음도 이와 같아서, 몸이 편해질 수 있는 곳으로 가려고 합니다. 그럼 내 마음을 멋대로 가게 내버려 두지 않고 좀 더 깨끗하고 올바른 상태로 가게 하려면 어떻게 해야 할까요? 이제부터 소의 모양과 색깔이 어떻게 달라지는지 유심히 살펴보세요.

5. 목우 – 소를 길들이다

검은 소를 닦아 주니 흰색이 됩니다. 소가 앞의 '득우' 단계보다 더 온순해진 것 같고 색깔도 점차 하얀색으로 바뀌네요.

소를 내 뜻대로 움직이려고 했지만, 잘되지 않았습니다. 그래서 닦아 주고 점차 길들여 보았더니 내가 마음먹은 대로 움직일 수 있게 되었습니다. 지금 이

단계가 불교의 깨달음 공부에 비유하면 가장 중요한 순간입니다. 어떠한 목표를 이루는 데 있어 과정이 중요한 것처럼, 소를 길들여 점점 희게 만들어 가는 행동이 중요한 것입니다. 이제 좀 더 길들이면 완전히 하얀 소로 바뀔 겁니다. 바로 깨달음의 순간입니다.

6. 기우귀가 – 소를 타고 집으로 돌아가다

소는 완전히 하얗게 변했습니다. 움직이는 소를 타고 다리를 하나 올리고 고삐 없이 앉아 있어도 전혀 불안하지 않습니다. 구멍 없는 피리를 불어도 소리가 납니다. 나의 마음을 뜻대로 움직일 수 있는 경지에 이르렀습니다. 어쩌면 이 세상에서 자신의 노력이나 재능을 써서 최고의 경지에 오른 상황이라고 할 수 있습니다. 하지만 여기가 끝이 아닙니다.

7. 망우존인 – 소를 잊고 사람만 남다

맨 처음 나는 소를 찾아 나섰습니다. 나의 마음이 어떤 것인가 고민하며 그 마음을 찾아 길을 나선 것이지요. 있을 만한 곳을 찾아 헤매고, 마침내 찾아서 마음의 정체를 모두 파악했습니다. 그렇다면 그 다음은요?

내가 찾고자 하는 마음의 참모습을 확인했는데, 그 마음은 내가 있기 전에도

원래 있었던 것일까요? 내 본성이라고 하는 것은 내가 있기 전부터 있었던 것일까요? 일곱 번째 그림이 바로 소는 잊고 나만 남아 있는 상태입니다.

"달을 가리키는데 손가락을 보고 있다."는 말을 들어 본 적 있지요? 내가 전달하고자 하는 것은 달인데 사람들은 엉뚱하게 손가락만 보고 뭐라고 합니다. 생각을 말로 표현할 때 과연 뜻대로 제대로 할 수 있을까요? 듣고 있는 상대방이 제대로 알아듣는 것은 나중 문제라고 해도, 내가 생각하는 바를 표현하는 언어는 과연 내 생각을 그대로 나타내 줄까요? 소는 찾았는데 고민은 점점 더 깊어집니다.

8. 인우구망 – 소와 사람, 둘 다 잊다

그럼 없어졌던 것은 소뿐이었을까요? 나도 원래는 없었던 것입니다. 그 모습을 커다란 동그라미로 표현했습니다. 애초에 소도 없고 나도 없었던 상태를 나타냅니다.

9. 반본환원 – 근본으로 돌아가다

소도 없고 나도 없으니 자연 그대로만 남습니다.

10. 입전수수(입곽수수) – 손을 내밀어 세상 속으로 들어가다

그림 제목인 '입전수수' 혹은 '입곽수수'라는 말에는 깨달음을 나 혼자 갖지 않고 세상 사람들과 함께 나누겠다는 뜻이 담겨 있습니다. 멋진 경치를 보면 누군가와 함께 가고 싶고, 재미있는 책을 보면 같이 보고 싶은 사람이 생각나듯 진리를 깨닫고 나서 세상 사람들과 함께 하고자 그들을 찾아가는 모습입니다.

'심우도'는 잃어버린 소, 즉 알지 못했던 나의 마음과 본성을 스스로 찾고 깨달은 뒤에 무엇을 해야 할지를 말해 주는 그림입니다. 여러분도 좋은 것을 깨달으면 그것을 다른 사람들과 나눠야겠다고 생각하고, 거기서 행복을 느끼는 사람이 되면 좋겠어요. 불교든 다른 어떤 종교든, 이런 것이 종교를 가진 사람의 바른 태도라고 할 수 있을 것입니다.

화려함 속의 깊은 뜻 • 단청

　절 건물을 보면 울긋불긋한 무늬와 그림을 색칠해 놓은 것이 눈에 띕니다. 붉은 단(丹)에 푸를 청(靑) 자를 써서 '단청'이라고 하는데, 색깔을 내는 재료의 이름 중 '단사'와 '청확'에서 한 글자씩을 가져와 이름을 붙였습니다.

　옛날에는 색깔을 내는 재료가 귀해서 어떤 색깔은 중국에서 수입해 와야만 쓸 수 있었다고 합니다. 지금 우리가 쓰는 24색 물감 같은 건 상상도 할 수 없었죠. 사람이 만들어 낼 수 있는 색깔이 귀했던 시대에, 더군다나 종이나 비단이 아니라 건물에 형형색색 그림이 그려져 있다면 옛날 사람들 눈에는 어떻게 보였을까요? '세상에나 이렇게 화려한 건물이 있다니…….' 하면서 놀라움의 탄성이 절로 났을 겁니다.

　단청은 건물을 화려하게 보여 주기 위한 것이었습니다. 세상을 가장 의미 있게 살다간 부처님을 모시는 건물이니 그에 걸맞은 장식을 했던 것이죠. 연꽃, 국화, 모란, 봉황, 용, 기린 같은 신성한 동물과 식물 무늬를 넣어 부처님 세상의 모습을 상징하도록 꾸몄습니다. 또한, 나무로 건물을 짓다 보니 비가 오면 썩고 곤충들이 번식하기도 해서 나무가 쉽게 상했는데, 이런 일을 막기 위해서도 단청을 했습니다. 색을 잘 칠하기 위해서는 먼저 나무에 낀 곰팡이를 걷어 내고 아

강화 정수사 꽃살문 ⓒ조용준

설악산 신흥사 꽃살문 ⓒ노재학

교풀을 여러 번 발라 '코팅'을 해서 나무를 튼튼하게 해 주어야 합니다. 그리고 색색 물감에도 물기와 벌레를 막는 성분이 들어 있기 때문에 단청을 하면 건물이 오래 보존되는 효과까지 볼 수 있는 것이지요.

단청은 무척 화려해 보이지만, 사실 파랑·하양·빨강·검정·노랑 이렇게 다섯 까지 색깔인 '오방색'을 기본으로, 이 색들을 섞었을 때 나오는 몇 가지 중간색들로 이루어져 있을 뿐입니다. 오방색은 동서남북 가운데의 다섯 방향과 나무·쇠·불·물·흙 다섯 원소를 뜻합니다. 이 요소들이 조화를 이루며 좋은 기운을 뿜어내기를 기원하는 마음을 담아 그림을 그린 것이지요.

주위에 온통 화려한 색과 장식이 많다 보니, 지금은 절 건물의 단청을 보아도 별 느낌이 없을지 모르겠지만, 옛날에는 궁궐이나 사당 혹은 절 같이 특별한 건물에서나 단청을 할 수 있었다는 사실을 떠올려 보면 좋을 것 같습니다.

단청을 보았다면 조금 아래로 눈길을 돌려 '꽃살문'이라고 하는 문 장식도 한 번 봐 주세요. 절마다 그 무늬는 조금씩 다르고, 색을 칠하지 않거나 색이 다 바랜 꽃살문, 화려하게 단청을 입힌 꽃살문 등 종류가 다양합니다. 일일이 손으로 깎아 만든 정성스런 손길과 화사하지만 요란하지 않은 단청의 색 배합이 저절로 "예쁘다"는 감탄을 불러일으킬 것입니다.

절 구석구석을 살펴보노라면, 아마도 여러분만이 찾을 수 있는 독특하고 재미난 것들이 몇 가지쯤 더 있을 겁니다. 유난히 인자한 표정의 부처님, 대웅전 계단에서 만난 장난꾸러기 같은 표정의 돌사자, 스님들의 살림집 건물(요사채) 뒤뜰의 장독대들…….
　여태까지는 체험학습 숙제 때문에 들렀거나 부모님 따라 별 생각 없이 가 보기만 했더라도, 앞으로는 여러분만이 느낄 수 있는 재미를 절에서 찾아볼 수 있으면 좋겠습니다.

맺음말

절을 나오며

지금까지 절에 들어가서 본 것들을 다시 한 번 떠올려 볼까요?

　일주문, 금강문을 지나고, 천왕문에서 사천왕을 만나고, 불이문을 지나 절로 들어섰습니다. 절 안에서는 갖가지 건물과 그 안에 모셔진 불상을 보고, 건물 밖으로 나오니 벽에는 불교에서 가르치는 내용을 그림으로 풀어 놓은 벽화들이 있습니다. 부처님의 몸이 모셔진 멋진 탑들도 보았고, '사물'이라 불리는 범종·법고·운판·목어 들도 찾아보았고요. 그리고 절마다 조금씩 다르게 부도가 하나 있기도 하고, 여러 기의 부도가 부도밭을 이루고 있기도 합니다.

　아무것도 모르고 보았을 때는 그저 나무로 된 건물, 번쩍이는 불상, 돌로 만든 조각품, 무서운 그림…… 이런 생각밖에 없었다면, 이 책을 읽고 난 뒤부터는 낯선 불교 문화재를 보더라도 어떤 부분이 아름다운지를 느낄 수 있다면 좋겠습니다. 우리 조상들은 착하게 살다 간 모범적인 사람들의 형상을 부처와 보살의 모습으로 만들었고, 그분들을 닮아 보겠다는 마음으로 정성을 쏟았으니까요.

천 년 전에 만들어진 석탑이라면 천 년 동안 그 자리에서 수많은 사람들을 맞았을 것입니다. 모르는 눈에는 그저 돌덩이로 비칠 수도 있지만, 천 년을 견뎌 온 그 돌덩이 안에는 불교의 역사와 함께 조상들의 마음이 스며 있습니다.

옛날 것이기 때문에 무조건 위대하고 훌륭하다고 할 수는 없습니다. 그러나 까마득히 윗대의 사람들 생각과 손길이 담긴 문화재에는 지금 대량으로 기계의 힘을 빌려 만드는 물건들이 주지 못하는 아름다움이 분명 있습니다. 그 이유가 무엇일까를 궁금해 하며 탐구하다 보면 자연스레 옛 문화재를 안아 보고 싶은 생각이 들 것입니다. 새로운 것에만 열광하는 지금 세상에서 차분히 옛것을 돌아보고 거기 담긴 가르침을 되새김으로써 여러분의 생각이 좀더 깊어지고 아름다움을 보는 눈도 높아지기를 바랍니다.

박상용 선생님은 순천대학교와 전남대학교 대학원, 북경어인문화대학에서 중국어와 중국문학을 공부했습니다. 2002년부터 문화유산 해설사로 활동하며 전남문화유산해설사회 사무국장을 지냈습니다.
여러 교육기관에서 '우리 문화 바로 알기', '사찰 벽화로 보는 불교 이야기', '체험학습강사 양성 과정', '문화관광해설사 양성 교육' 등의 강좌를 기획·진행하였고, 한국인뿐만 아니라 중국인에게 우리 문화를 안내하는 중국어 관광통역 안내사로도 활동 중입니다. 지금은 (주)체험학습스쿨 동행이라는 교육여행사를 운영하며, 어린이 역사 체험단을 이끌고 곳곳을 누비고 있습니다.

호연은 고려대학교에서 고고미술사학을 공부했습니다. 대학생 때 그린 만화『도자기』를 책으로 펴내 많은 사랑을 받았습니다. 우리 문화를 사랑하는 뜨거운 마음, 이웃의 아픔을 내 것처럼 돌보는 마음이 담긴 만화를 계속 그리면서 사람들을 행복하게 해 주고 싶어 합니다.